大麻——祈りの秘宝

古代日本の超叡智

［増補新装版］

本間義幸
Honma Yoshiyuki

ヒカルランド

あたかまはらなやさわ

大祓祝詞にのっとり瀬織津姫の靈験（れいげん）を精麻に感応させる著者
（岩手県早池峰山系の滝にて）

精麻紐結い
靈水でなめした精麻を二本に分け一目一目結んでいく。紐を結ぶ動作は、祓い清めて陰陽を真釣り合わせる動の瞑想。

火入れ作業
結んだ紐に火入れをする。水と火のエレメントが入り、依り代としての紐が完成する。

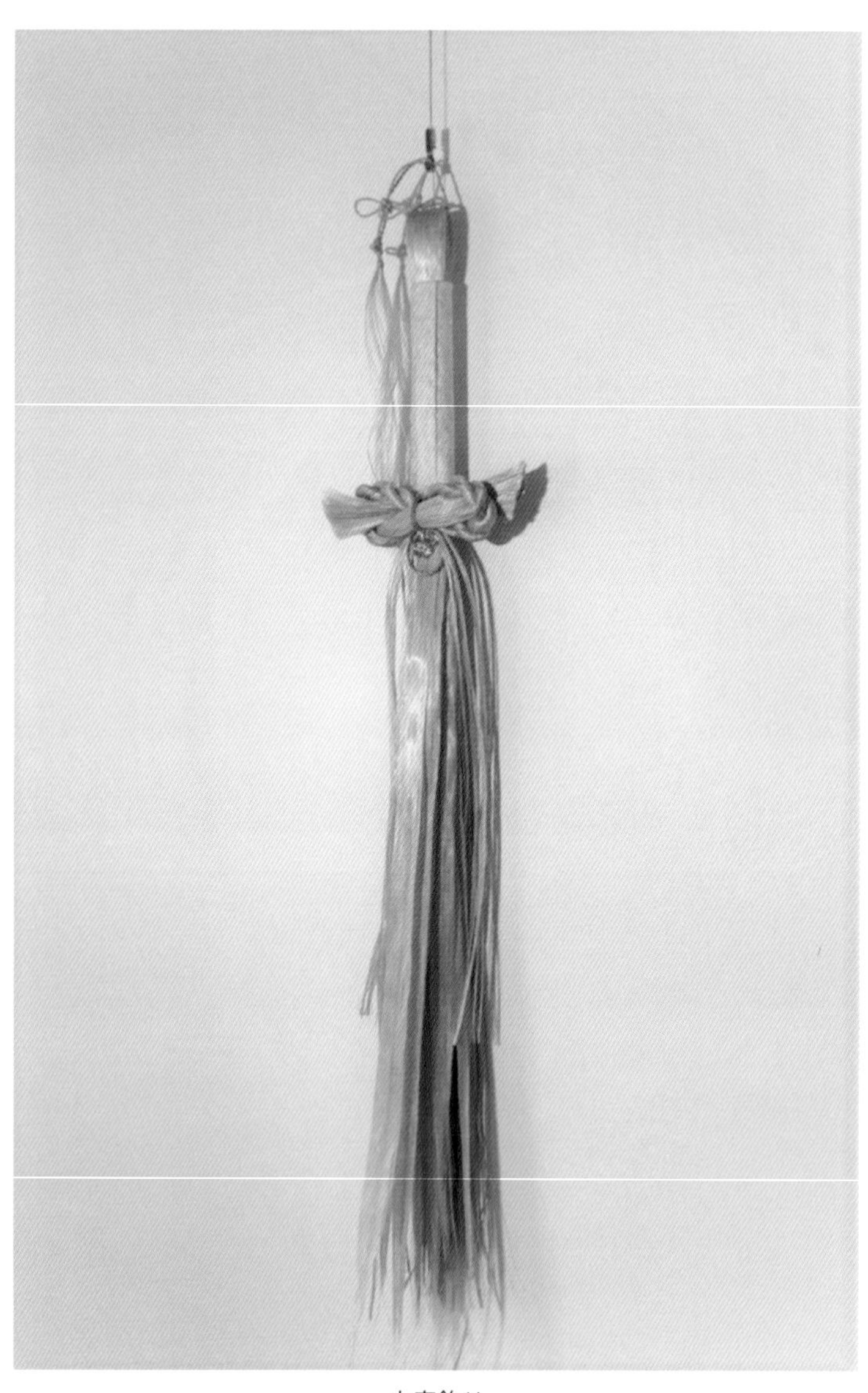

大麻飾り
斎

＝＝＝＝＝＝＝＝＝＝＝＝＝＝＝＝＝＝＝＝＝

【大麻飾り『太御幣（フトミテグラ）』】

・十六花弁菊花結び
・神鏡麻紐包み
・糸魚川産翡翠勾玉の輪飾り（麻紐通し）

＝＝＝＝＝＝＝＝＝＝＝＝＝＝＝＝＝＝＝＝＝

2022年７月、「坤の金神プロジェクト」にて天岩戸神社（宮崎県高千穂町）に奉納された大麻飾り。職人の技が集結した特別品で、太（布刀＝剣）でもある大麻飾りに神鏡と勾玉を施し、三種の神器の合体として表されている。古事記の天岩戸開き神話に則り、榊に取り付け奉納された。

野州産特等級別格精麻：本間義幸
大麻飾り製作：秋田真介
（日本燦々大麻飾り講座代表講師）
御神鏡製作：山本晃久（山本合金製作所）
勾玉輪飾り製作：山田修（ぬなかわヒスイ工房）

天岩戸神社西本宮に奉納された【大麻飾り『太御幣（フトミテグラ）』】

「天津祝詞の太祝詞事」の舞として全国の社寺に奉納している「天麻那舞（あまなまい）」
舞手さんの髪には、国産精麻で丁寧に結い上げられた大麻飾りが着けられている。
写真は、茨城県の筑波山神社にて奉納された天麻那舞（撮影：夏野苺）。

【大麻祓い清め術　改善事例】

脊柱側彎症（せきちゅうそくわん）の60代女性の事例。
大麻祓い清め術を2回受け、劇的に改善した。

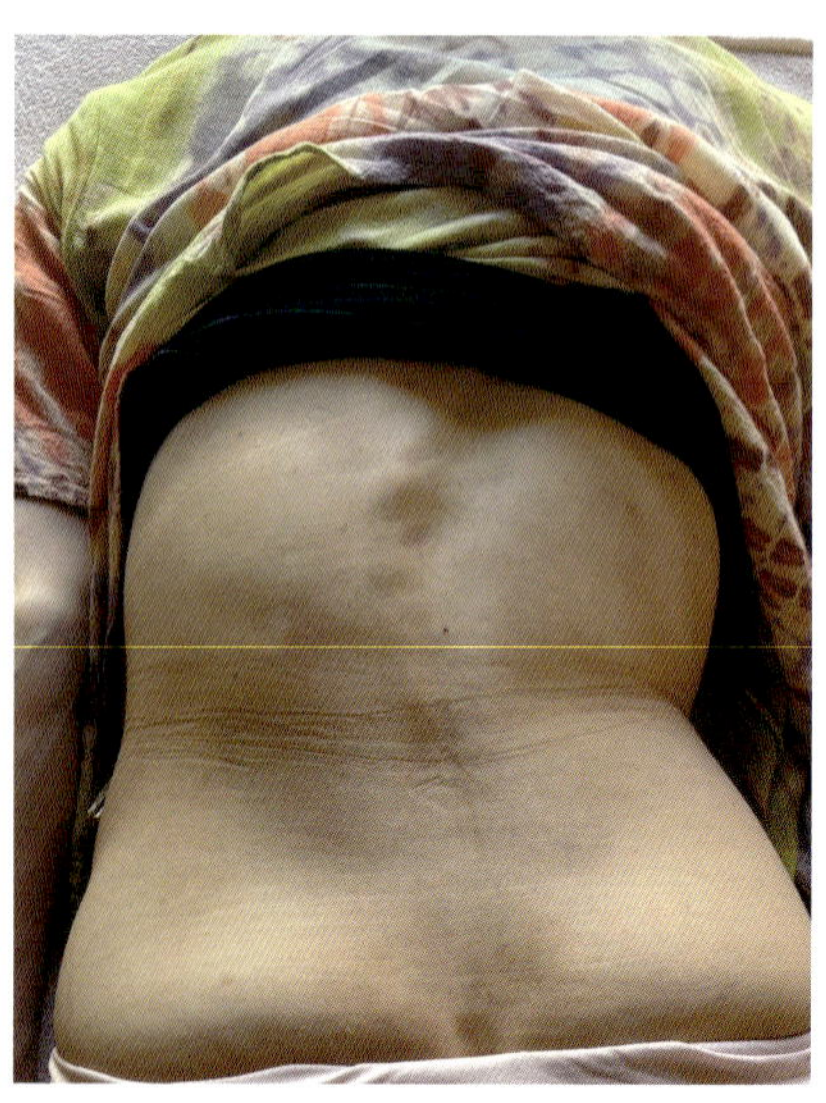

施術前

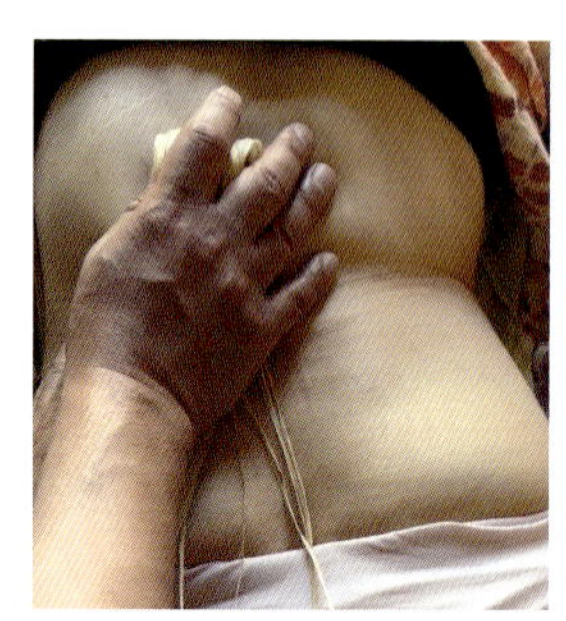

施術開始後、精麻に邪気が集まり施術者の手もみるみる黒ずんでいく。精麻の働きによって、施術者に悪影響が及ぶことはない。

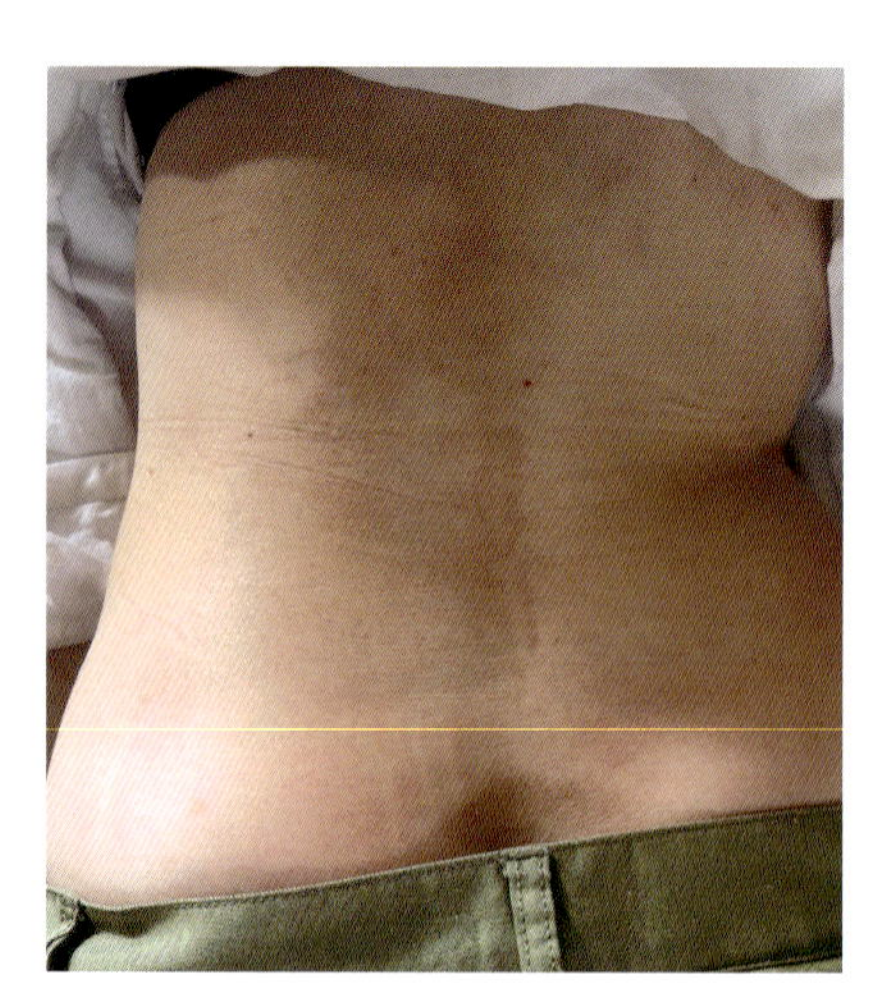

2回目の施術後

ひふみ祝詞奏上とともにその靈威に感応し、靈動の後、ひふみ祝詞の印相を顕した著者
本来、全ての祈りにはそれにのっとった所作や印相が存在するといい、古来祈りの形は、言靈と印相（作法）を形而上より降ろす形で整えられてきたという。
ひふみ祝詞を奏上していくと、上下、左右、斜めにおいて気の巡りが生じ、奏上している人間の中心で統合される。
このプロセスの中で禊祓いが生じる。

私たちは今、本望を生きることができているでしょうか。

この地球上には、たくさんの罪・穢れが溢れています。
ストレスという簡単な言葉では済まされないような出来事が起こっています。
世界中で戦争が起きている。
世界中で飢餓が起きている。
世界中で治らない病気が多発している。
世界中で多くの人が苦しんでいる。
自分が満たされていたとしても、今このとき、困っている人、
苦しんでいる人がいるのではないかと想いをはせるとき、
何か心の底から喜べない。満たされない。

「自分も大事だけれども、あなたも大事」

これは私たちの心のどこか奥底にある本性であり本望です。

この本性であり本望を少しずつでいいから満たしたい。

こういうことを意図できるかどうか。


ここでキーワードになってくるのが、日本の大麻です。

今「大麻」というワードは世界中で議論の的になりつつあります。

経済活性・新産業や医療用としても語られ注目されています。

しかしながら、日本ではいまだタブーワード。

私が大麻という言葉を聞くとき、
それは「神事」「おふだ」であることが反射的に想起されます。

〈大麻と祓い〉
〈大麻と産靈〉
〈大麻と祈り〉

この伝統的な哲学・作法を近代に至るまで大事にしてきた国は、
日本の社寺であり日本の人々であったろうと思います。

日本において大麻は、
祓い清め、そして産霊という、
物事を調和させていくための秘儀として大切にされてきた植物であって、
さかのぼれば縄文時代から人間と大麻は共に生きてきました。

戦後日本では、大麻の葉と花穂の所持が法律で禁じられていますが、
茎と種は取り締りから除外されています。
大麻という一つの植物・有機的な命が神と悪とに分断されています。
かたや社寺で用いられ、
人々は依り代としての大麻に頭を下げ、祓い清めてもらう。
かたや魔薬として、
逮捕・収監の対象とされている現実を知ってほしいと思います。

日本において大麻という植物が抑圧され激減しているのは、
戦後わずか七十数年です。
世間の目が「魔薬一辺倒」たる大麻となり、
管轄が厚生労働省となったことによって、日本の大麻は絶滅寸前です。
そんな今だからこそ見えてくる真実、
浮き彫りになってくる日本大麻の本領に目を向けるときと確信します。
「祓い清め」
「水に流す」
この叡智(えいち)は、心身をすがすがしい状態へと誘(いざな)い、
生活で生じる因縁を消滅へ導いてくれるのだから。

日々生じてしまう重い感情を水に流せていますか。
対立から生まれる何かしらが
体の負担、ストレスになっていませんか。
陰（女性性）陽（男性性）のバランスは保たれていますか。
体の中の水は穢されていませんか。

そう、水はまさに女神の力です。
その水が今、ひどく汚されている。
水を汚し続ける力は男性性が極まった状態です。
（福島原発は、その極限の例です）
これをどうバランスさせるか。真釣り(まつ)合わせるか。

私たちを不調和に導く形而上の仕掛け。

それと繋がる実社会における巧みなマーケティング。

魔はいつも、過剰な利便性と快楽という名のもとで色欲を煽り、人々を邪道へと導きます。

それらは、実際の政治に作用し、社会の仕組みに作用し、そして私たちの命に、地球生命に影響を与えています。

不健康な食べ物を選び摂取してしまう。

生活のリズムを崩したくなってしまう。

不整な言葉を使いたくなってしまう。

犯罪が横行してしまう。

これらはほんの一例であり、このように、様々な悪味悪行を選択してしまう「仕掛け」が施されていることは明白なのです。

これらの仕掛けを
大麻で断つことができます。
切れるのです、大麻で。

私たちの奥底にある本望・本性を覚醒させる智慧（ちえ）が、
私たち日本人に伝承されてきたのです。
この伝承の要が大麻の祓い清めであり
そして産靈の哲学と法なのです。
日本人の精神性に直結している日本の大麻を、これ以上、
おかしな風潮・仕組みによって消滅させるわけにはいきません。

魔には魔の仕組みがある。
今このとき、それらすべてを否定する気はありません。
しかし、日本において、世界において
「神魔」のバランスが悪すぎるのです。
形而上において神魔を真釣り合わせるときなのであり、
直(なお)き力で自律を取り戻すときです。

クローズアップすべきことは、
大麻祓いにおけるリセットする力、
そして実のところ、単にリセットを超えて
大麻祓いは人格・靈格(れいかく)の進化を促す力なのです。

「荒ぶる戦いから調和へ、
価値観を組み換えシフトを促すのが大麻である」
全国全社で大事に奏上されている大祓祝詞にはそう示されています。
大祓祝詞は、世界全体における大いなる変換期にこそ役立てるべき予言文であり指導文です。

大祓祝詞に則して考えるならば、
まさに日本大麻を出現させ、
人類意識と世界における闇の時間軸・空間軸を祓い清め、
直面している未曾有の大転換を滞りなく成し遂げるべきでしょう。

闇の歴史に終止符を打つための切り札！
それが日本の「大麻」であることを深く理解するときなのです。

目次

第1章　呪術の限界

人類意識の変容のカギ／民間から大麻の祓い清めを伝播する　32
余命宣告を受けた密教の大阿闍梨との出会い　35
裏密教の身代わりとしての呪術　38
不動明王開眼の術法を授かる　40
結界縄としての大麻との出会い　41
二人の恩師の死から学ぶ　42
密教のエクソシスト的降伏法／邪気・魔物を切って封印　45
穢れを穢れではないものに転ずる法　47

第2章　分断された大麻

大麻をめぐる日本の現状

ＧＨＱと大麻取締法　52

「大麻」というキーワードに紐づくもの　54

大麻農家は絶滅に瀕している／まさに綱渡りの状態　59

分断される大麻の概念　63

生命力を高める大麻草の作用

医療大麻という扱い／大麻には健康成分が満ち満ちている　66

「内因性カンナビノイド」は体内でつくられる大麻類似化合物　69

現代に蔓延するネガティブループ　73

お母さんの母乳と内因性カンナビノイド　75

ネガティブループを断つ根本的解決とは　77
自分らしさの探求と内因性カンナビノイドの復活　80
それは本当に私たちを豊かにし喜ばせるものなのか　82
多次元的に作用する大麻の靈力　84
神奈備＝神様がおわす場所　85
日本の伝統的な医療・和方の要は、祈りと生薬　86
大麻の奥に見る日本人の二つの姿　87
コラム①　世界における医療大麻へのGOサイン　91

第3章　大麻と祓い清め

神道における大麻　94
麻引きの作法　100

コラム② 古の和歌にみる大麻の姿 103
皮膚が持つ高度な情報処理能力 104
大麻は意識を軽くする 106
蓬麻中に生ずれば 108
祓いとは「生かす道」 112
大麻を介在させて「水に流す」威力 113
特別寄稿① 祓いと東洋医学 118

第4章 大麻と言霊〜『荒の言霊図』から『麻の言霊図』へ

五大に皆響き有り 124
天の岩戸伝説 126
天の岩戸開きの神話が伝えるメッセージ 128
「あさ」の音霊 129

大祓祝詞は古代からの予言メッセージ　132
「荒の言靈図」から「麻の言靈図」への大転換が起こる　137
日本の「麻を開く」真意と大麻取締法出現の謎　143
天津祝詞の太祝詞事とは何か　145
ひふみは、祓い清めぞ！　149
布留之言本と十種神宝の秘法　152
「ふるべゆらゆら」と言靈ピラミッド「高千穂の奇振嶽」　157
禊祓による「プロビデンスの目」の終焉　159
三種の神器とあさ　162
天宇受売命と「ウス（渦）」「フト」の言靈　165
瀬織津姫が水に流し「罪はあらじ」　169

第5章　大麻と祈り／魔の終焉へ

まつりの語源　174
「令和」の意味／誰に「まつろう」なのか？　175
ピラミッドと逆ピラミッドを結ぶ仕組みをつくる　177
真釣り合わせて陰陽バランスを取り戻す　180
大麻のバイブレーションと人間の内奥にある本性のバイブレーションは共鳴する　181
「愛する」と同時に「愛されている」　182
禍を消滅させてゆく麻の意　185
1は全体へと繋がる大きな力　187
肚意＝祓いが本望を顕現させる　190
日本独自の許しの哲学　192

たいま＝素晴らしき今ここ・中今　193
天津太祝詞事の舞／天麻那舞　193
麻は物質と非物質の架け橋　196
人と神仏・人と自然の真釣り合わせ　200
大麻・言靈・祈りの三位一体は現象を発現させる秘儀中の秘儀　202
魔の終焉へ――麻の中の鬼は神上がりする　205

第6章　祈りの秘宝　復活へ

大麻取締法改正の正体とは⁉

大麻由来の医薬品が施用可能に　208
大麻〝使用罪〟新設で冤罪の危険性⁉　210
何かが変なんだ！　212

統一教会の悪しき影響を断つ　216

驚きの改善事例続々！　宇宙との調和へ導く大麻のエネルギー調整力

「大麻祓い清め術」施術者育成へ　219
改善事例、続々と／施術動画公開　220

特別寄稿②　側彎症に対する大麻祓い清め術について　224

側彎症に対する医学的対応　224
大麻祓い清め術による側彎症へのアプローチ　226
陰陽五行の気が調和した状態へ　227
奥義は「治そうとし過ぎない」姿勢の中に　229

能登より「神社の鈴緒」復活の狼煙を上げる！

第7章 実践！ 精麻を使った日々の祓い清め

実践編：日々できる祓い清めと結界の張り方 236
現代には、穢れの原因が溢れている 238
水に流すタイミング 259
質疑応答 260

おわりに ～増補新装版に向けて～ 268
大祓詞 274
ひふみ祝詞 276

参考文献　277
著者の主な活動　279

本書は『大麻―祈りの秘宝』（2021年7月31日初版刊行）に、
アップデート情報を加えた増補新装版です。

カバーデザイン　吉原遠藤
イラスト　ema
校正　麦秋アートセンター
編集協力　宮田速記
本文仮名書体　文麗仮名（キャップス）

第1章

呪術の限界

人類意識の変容のカギ／民間から大麻の祓い清めを伝播する

2019年から2020年に始まったコロナ禍も含めて、私たちが人類意識・社会変容の大いなる変換地点を生きていることは明白と思います。

このようなタイミングであるからこそ、日本大麻の「祓い清め」「産靈（むすひ）」の力が必要なのであり、「吸います」とか「吸いません」の二項の議論を争わせている場合ではないというのが、私の確信であります。本書では、そう確信するに至る理由をお伝えしていきますが、まず初めになぜ私がこのご時世に、大麻祓い清めを精力的にお伝えしているかについて、お話ししておこうかと思います。

現在、私は大麻飾りの制作や頒布、大麻飾り職人の養成や舞手の育成、社寺への御奉納、大麻と祈り・神仏習合の本義再興を活動の柱として、大麻によってもたらされる「祓い清め、産靈（むすひ）」の作用を体感と共に理解を深めていただく活動を日本全国で展開しています。

大麻の祓い清めが今じわじわ広がってきているわけですけれども、なぜ広がってきているのか。なぜ人は大麻に触れようとしているのか。人々の深い意識の中の何が大麻との出会いへと導いているのか、この辺りを観じながら日々活動しています。

我々は神職ではありませんし、公的な僧侶でもありません。

個人の何の肩書も持たない人間が、誠なる社寺の働きを貴び、神事と祓い清めを意識し、大麻を以て活動を行うことは、おそらく縄文以降では大袈裟ではなく久方ぶりの動きではないかなと思います。

これは、なぜかというと、権力というものが神仏に紐づいて存在してきたからなのです。治める者と治められる者、支配する者と支配される者という構図、その手法・方便が、日本をはじめこの地球上における他の国々においても続き、今に至っています。

神仏を用いて人を支配してきた方便が、いよいよ大麻と人の意識によって祓い清められ、心底からの変容と共に一人ひとりの中に神仏が存在するという普遍的価値・自覚の顕れを迎えようとしている兆し。それが、一個人が大麻をかかげるという大義になり得るのです。

真の祓いとは何なのか。

神事とは何なのか。

なぜ、社寺では大麻を用いてきたのか。

そこには、長い時を経て今に伝わる、大変奥深い叡智があります。

そういったことすべてをエビデンスを以て証明してみせることはできませんが、私たちは、史実に残っているものプラス、実際の作用を体験し観察することで、洞察していくことができるわけです。

史実にあること、研究者の方々、神職の方々が言葉にして残してきたもの、そういったものをひもときながら、その奥には何が隠されているのかをしっかりと読み解きながら、お伝えしていこうと思います。

なぜ私がこういったことについてお話ができるかというと、私には密教の行をしていた経験があり、また古神道の行をしてきた経験があります。そこで大麻と出会い、祈りと出会い、魔、穢れと対峙（たいじ）してきました。人間の命の健やかさについて探求してきたことが、こういったことをお伝えする根拠になっています。

ですので、たくさんの史実資料を読んで、それを拝借しながらお話ししているだけではなく、こうしてお伝えすることは、私の血肉になっていること、現に体験し、経験し、行をしてきた、その成してきたことを中心にしながらたどり着いた視座であることをご理解いただければと思います。

余命宣告を受けた密教の大阿闍梨との出会い

私は27歳のとき真言密教の大阿闍梨（だいあじゃり）である松宮奈央さんと出会いました。

松宮さんは女性の大阿闍梨です。神戸にいらっしゃいました。幼少期から行をしてきており、素晴らしい靈力、祈りを以て人々を助けてゆく仕事をなさっていました。

密教といって最初に思いつくのは弘法大師、空海です。空海は中国に渡り、わずかな時間で密教の秘儀を学び、それを日本に持ってきたとても有名な高僧です。この術を裏わざのような形でさらに強めていった裏高野、裏密教とも言いますが、この大阿闍梨だったのが松宮さんです。

相当に行を積まれてきた方で、あの当時で言ったら信者という表現でもいいのかもしれませんけれども、クライアントに、政治家やスポーツ選手など名前が公にされている方々が大勢いました。

松宮さんが行っていた加持祈禱（かじきとう）の費用は高額で1件の案件で数百万円が動く世界でした。裏密教では案件にもよるとは思いますが、お札の授与にも高額な費用が必要となることが少なくありませんでした。

高額には、理由があります。

「加持祈禱」を顕現させるための法則が高額の理由なのですが、それは、行者の命がけの加持を受け止める心の準備と器量を依頼主が持ち合わせているかどうかということを見分けるものであり、また加持とは、神仏のお働きを行者が繋（つな）ぐ「加」の力に対し、それを心底より受け止める依頼主の「持」の力が重要になります。

その覚悟を以て初めて加持は成立し密教の祈りは最大の効果を発揮してゆきます。

この加持祈禱の法則は、密教に限ったことではありません。

施す側と受け取る側が双方敬（うやま）い合って初めてモノゴトがすがすがしく成就してゆくわけであり、敬い合いが大事な場面は日常の中、いたるところに存在しています。

松宮さんは、依頼主が持つ主に病気やトラブルといった現象を100%、必ず変えてみせると約束して加持祈禱を行う方でした。

必ず成し遂げるものですから、相当量のエネルギーを使います。負のループが起きているのを逆回転ないし断ち切らねばならない。そういったお加持をずっとやり続けて、松宮さんは37～38歳の頃がんになりました。子宮の裏にダグラス窩という空間があります。ここにこぶし大のがんができて、余命は幾ばくもないという状態でした。


今からもう20年以上前の話ですが、25歳のとき私は健康をテーマにした事業で起業しました。当時、体・心・気の統合医療の必要性を感じていたのです。体のこと、心、気のことに注目し、人を病から回復させていくためには、この３つの調和を図るべきであるということで、鍼灸や整骨などの東洋医学の施術所、心理カウンセリングや武道教室・ヨガ道場、意識の回復を誘うＢＡＲなども運営し、様々な怪我や病に対峙していました。

その私のもとに、松宮さんが知人の紹介でいらっしゃったんです。

私は、松宮さんのがんは消えるという直感がありました。消えるというか、消すという意図、意思が腹の底から湧いてきたのです。だけど、これはもしかしたら命がけになるかもしれないとも同時に思いました。

裏密教の身代わりとしての呪術

何ががんの原因になっていたのか、私はいろいろな側面から考えました。松宮さんの仕事ぶりについてもいろいろとお話を聞いて、仕事に原因があるなと思いました。ここで、ある一つのテーマに気づいたんです。

密教は伝統的な呪術です。それは人々の心のよりどころでもあり、また天皇家に使われていて、祭祀支配という言葉を使ってもいいと思いますが、国を治めるツールでもありました。その密教の祈りの中で松宮さんが、禍事(まがごと)をつくり上げている邪のようなもの、いわゆる邪霊とか、怨念とか、ないしは西洋的に言えば魔、デビルめいたものと表現したほうがいいかもしれませんが、そういうものと神・仏との二項対立を行っていることに気づいて、この二項対立を和す方法を考えなければいけないと思いました。

二項対立をいわゆる勝利に導く力は、男性性の所業です。男が成してきた男のやるべき荒の世界です。女性はその力をもともと持っていません。女性性の中にはそういったものは含まれていないのです。

皆さんも不動明王という仏様を見たことがあると思います。
松宮さんは行の中で、お不動様と一体化し魔に対峙していました。そうやってトラブルを解決しようとするとき、どれだけのパワーを使って法を行うのか。神・仏の力を勝利に導こうとするときに、魔の言い分はどうなっていくのか。そこにはある種の穢れがある。生命の法則に沿わない、調和的ではない、うまくいかない何かがうごめいていて、それをすべて、行者さんは引き受けるわけです。

不動明王（国宝・醍醐寺蔵）

身代わり地蔵とか、身代わり〇〇とか、よく見かけませんか。ほんとに神・仏に身代わりになっていただいていいのだろうかと思ったりもしますが、松宮さんは、ずっとそのようなことで人を治癒、回復させたり、トラブルを解決してきた方だったのです。

そんな方ががんになり、私のところにいらっしゃいました。

私は命がけでそのがんに対して向き合いました。

大阿闍梨は担当医師より余命宣告もなされていたので、「回復」への意志を固めていけるよう、また、がん細胞が消滅してゆくよう催眠療法を施しました。また東洋医学的なアプローチをあらゆる角度から全身全靈にて行っていったのです。

もちろんお弟子さんたちも必死で加持を行ったものと思います。

3ヶ月後、大阿闍梨のこぶし大のがんは消滅に至ったのです。

不動明王開眼の術法を授かる

回復した大阿闍梨から、

「回復に尽力いただいた御礼をさせていただきたい。その能力と弘法大師空海の靈力とを共にして、ますます人々のお役に立っていただきたく呪法をお授けしたい」との申し出があり、私はその申し出を受け取らせていただくこととなったのです。

その呪法は、「不動明王開眼の法」と告げられた記憶があります。

また空海の靈力が手に宿る法であったと思いますが、当然のごとく、それを授けられただけではモノになりません。

大阿闍梨が、私の自宅に行の環境を整えてくださり、私は伝えられたとおりの作法を以て行を行っておりました。

2～3ヶ月が過ぎた頃でしたでしょうか、不動明王の力がいよいよ顕れてきたのです。顕れが生じてきた際、正直、驚きがありました。神仏の気配と共に、体が勝手に動いてゆく反応が出始めたのです。若輩者であった私は、幾ばくかの恐れと共に大阿闍梨に連絡をすると、「ああ、いい、いい。そのまま続けてください。それでいいんです、それでいいんです」

そして、また行を続けていくと、ひっくり返ったりなんかする。それを何度も何度も繰り返して、なるほど、このように集まってくるのが神・仏の力であり、靈力であり、神仏の世界なのだなと、私は27歳のときに初めて知ることになったのです。

結界縄としての大麻との出会い

お加持をするときは結界を張ります。

「結界」という言葉は皆さんも聞いたことがあると思います。

結界を張ることで、神・仏が降臨できるような磁場をつくります。その結界を張る結界縄が大麻なんです。私は祈りごとの場で初めて大麻に触れることになりました。

二人の恩師の死から学ぶ

私は、松宮大阿闍梨に「再発するから仕事をもうやめたほうがいい」と伝えました。でも、志の高い方でしたから、ご相談が来れば、何とかしたいという気持ちが高まってしまう。彼女は「治ったから」と言って、また加持を始めたのですが、病気の原因はそこにあったわけですから、再発してしまいました。

加持を貫き通すということが彼女の生きざまだったのだと思います。

私は、松宮大阿闍梨と出会い、神・仏と、邪気でも幽霊でも何でもいいんですが、とにかく災いをもたらす何かとの対決は必ず後で事を複雑にするやり方であることを目の当たりにしました。

私はずっと根本的なことに意識を向けてきました。

どうすれば松宮大阿闍梨は死なないで済んだのか。

どうすればこのクライアントはこんな問題を起こさずに済んだのか。

神・仏と邪気・魔の対決的降伏呪術には、とかく後々に事が複雑になって現象化してゆくことがあり得るのです。こういった因縁現象は日常でも多くの方が体験したことがあるのではないでしょうか。


私の中に溢れた悲しみや憤りの想いは、遥か彼方に在る空海へと向かいました。

「空海よ！　半端な術を日本にもたらしたのではないだろうね」

もちろん、この想いは、当時若輩者の八つ当たりめいたものであることは言うまでもありませんが、大阿闍梨との出会いや行が、私を大麻祓いの本領に導いたことは間違いありません。


時を同じくして、もう一人、やはりすごい行を重ねた阿闍梨さんである佐藤准正和尚と出会い、佐藤和尚にもいろいろな呪法を授けていただく機会に恵まれたのです。

佐藤和尚には大麻のこともより深く教わりました。その一つが大麻を用いての護摩でした。真言を唱えながら大麻をくべていたら、逮捕しに麻取がやってくるんだろうか。これはまだ前例がないから何とも言えません。わからないんですが、私と仲のよかった佐藤和尚は、大麻の火と煙、そして祈りに神・仏が依るという伝統的なやり方をしていました。これは何百年とかの話ではなくて、１０００年、２０００年、さらに言えば縄文、あるいはそのもっと前からかもしれませんが、脈々と続いてきた手法だったようです。

「なるほど。やはり大麻は神・仏事、祈りごとなんだ」

そのことを私はよく理解しました。

佐藤和尚も一生懸命祈り、いろいろな知恵を出して人々の悩みに答えていたのですが、幾ら靈力が強くても、幾らそこに呪術があっても、一生懸命であればあるほど巻き込まれてその渦中に入っていく。気づかなければ、そこには何かがあるんです。

結局、46歳のときだったでしょうか、佐藤和尚も亡くなってしまいました。

私はここでまた「空海！」と叫びました。

呪術の術法は、一言で言うと、対症療法だということです。

現世利益を求めるのは、本当の意味での解決にならない。対症療法は根本的なものには働きかけができないんです。

いくら呪術が素晴らしくても、トラブルを抱える本人が、自ら気づきを得て真の変容を遂げることを求めないのであれば、呪術とて依存する対象としての域を出ることはないのです。

密教のエクソシスト的降伏法／邪気・魔物を切って封印

裏密教の除霊は、除いて、葬り去る呪法でした。これは、景教（ネストリウス派キリスト教）を密かに組み入れたエクソシスト的降伏法であったとも考えられます。

加持が始まると神仏対魔の戦いが繰り広げられてゆきます。

縦横に気をクロスさせる九字切りという法がありますが、これもまた、十字「クロス」の力を活用した呪法と言えます。クロスの靈力を以て切って切って切り尽くし、それをふん摑（づか）まえて靈玉に封印するのです。

皆さんは見たことがないかもしれませんが、本当に具合の悪さが極まった方々がいらっしゃるのです。原因が肉体ではなく、靈体にあり、靈体のおさまりが狂うことによって、心身の機能にも狂いが生じ、発病に至る場合があるのです。

そういった場合、なかなか一般的な処方では回復しがたいものがあります。

さらにその不調和たる波動は周囲にも影響をもたらしてゆきます。

皆さんも、寂れた神社に行ったら何か具合が悪くなった、あの人とお茶を飲んだら頭痛がしてきた、病院の待合室に長時間いたら肩が重くなった、そういう経験があると思います。あそこに行ったら、あの人と付き合ったら、何か運が悪くなった気がするとか、不吉なことばかり起こるとか、変な夢を見るというようなことを経験していると思います。

それは、簡単に表現しますと土地・空間・人などに何かしらの穢れや因縁、魔の仕掛けなどが漂っているのをキャッチしている状況であり、「朱に交われば赤くなる」如きものなのです。

そういう病んでしまった気、狂ってしまった気を何とかしなければならない。

裏密教の除靈は、先ほどもお伝えしたとおり、除いて葬る。私はそれを間近で見てきましたし、実際に行ってきました。そしてその激しき二項対立の世界ゆえに、私のお師匠さんたちは若くも他界されたのです。

邪気を受けて、施主さん（クライアントさん）を助け、身代わりのごとき行のお姿。私は二人のお師匠さんが命を賭してメッセージをくれたと捉えました。

穢れを穢れではないものに転ずる法

この世の中には巨大な穢れがまだまだ存在しています。

私はやり方を変えました。

穢れには穢れの、魔には魔の言い分があるだろうと考え、私は、その言い分に中立的な意識を傾けるようにしたのです。

そうしましたら、魔の動きに変化が現れました。それを確実に目にしたのです。魔たる気、穢れたる気がまるで別なエネルギー体に変化して、どこかへ戻っていったのです。

祓いの叡智の素晴らしさは、まさにここにあります。

意識を中立あらしめ顕れを真釣り合わせようとするとき、魔たる力は変容をきたす。

対立を以て、どちらかを徹底的に敗北させようとする、その観念もまた穢れに繋がりかねないということを理解したのです。

その後1年ほど、古神道に触れさせていただく機会も得て、日本の伝統的な祈りについて、私は理解を深めてゆきました。

20年の時を経て肚(はら)の底からわかったことがあります。

それを私は非常に簡単で理解しやすいお話・手法に突き詰めていきました。伝統的な祈りの真髄を広げていただくためには、皆さんに理解していただけるようなものでないといけないと感じたからです。

ものすごく簡単にお話ししていきますけれども、ものすごく複雑なことをやり切ったからこそ超シンプルなところに行き着いた、そのことをシェアしたいと思っています。

今、私は「空海よ！　この野郎」などとは当然ですが思っておりません。

様々なお力を頂けたことに感謝しかありませんし、二人の師からの学びがなければ、私が大麻の真の価値を発信することはできなかったですし、因縁の解き方を理解することもできなかったはずです。

先日などは、空海が悟りを開いたと言われている高知県室戸岬に夜中の3時に精麻を首にかけ出向き、夜が明けるまで虚空蔵菩薩（こくうぞうぼさつ）の御真言と光明真言を響かせたほどです。真夜中の空に輝く星と暗き海に光る月の輝きを感じ、若き日の想いが様々な形に昇華してゆくのを感じました。降伏法を一つの側面・プロセスとし、空海が真に仰りたかった事は「即身成仏」であり和の道であったことを体全体で深く理解できたのです。

そんな祈りを日々携えた私に、再び必然たる出会い、密教行者である吉武真仰（しんぎょう）阿闍梨との出会いがありました。真仰阿闍梨と出会ったとき、その背中には空海、そして他界された二人の師が乗っているように観えたのです。

伝統たる祈りの核を護りながら、私は大麻と古き祈りの力を以て神仏習合の本義を発信することになってゆくわけですが、こういった出会いや出来事が生じることは一般的に「シンクロ」と表現できます。

このような必然たる出会いや現象を体験するのは、私の中で感情の祓い清めが完結できていたからだと思います。感情が本望・本性の邪魔をしていない、そんなメンタルが保たれていたのです。

対立、そして和解を経て新たな価値を結び顕し、一人ひとりの真価が顕れてゆく。この起点をサポートするのが、日本大麻の叡智であり本領です。

シンクロがどんどん顕れる世界に身を置いてゆきたいと誰しも願うものです。

そこで本書の大切なテーマの一つである「祓い」、そして「流す」という言葉を心に留めて読み進めていただければ幸いです。

第2章

分断された大麻

大麻をめぐる日本の現状

ＧＨＱと大麻取締法

私のスマートフォンでニュースを見ると、私が大麻のことをよく投稿しているからでしょうか、半分は大麻の事件の記事です。こんなに逮捕されているのかというぐらい逮捕者の記事が出てきます。ＡＩが「大麻に関心があるから、全部大麻にしてやれ」とおどかそうとしているのか何だかわかりませんが、そういう仕組みがあるんですかね。恐ろしいですね。とにかく日々、大麻で逮捕されているという記事が山ほど出てきます。

このように、大麻といえば、皆さんもご存じのとおり、まず「麻薬だろう」というところから始まるのですが、戦前までは大麻をそう捉える人はそんなに多くありませんでした。そのような概念、観念は実は他国からもたらされたものです。

「大麻はダメだ」としたのは、ＧＨＱの主導によります。大麻取締法は、大麻繊維を取るという伝統に即して大麻農家を守る、と言っていいのかどうかはまた別に議論するとして、現在は、許認可制で大麻の栽培農家を限定する法律です。戦後すぐにＧＨＱ主導によって制定されたこの大麻取締法を起点として、日本における「大麻草」への理解のほとんどは「麻薬」としての大麻に置き換わり、大麻にまつわる事実を知る人々は限られてしまっているのが現実です。

駐日アメリカ合衆国大使館のマッカーサー連合国軍最高司令官（左）を訪問した昭和天皇（右）、1945年（昭和20年）９月27日撮影

ＧＨＱがなぜ「大麻はダメだ」と言ったのかということについては、「石油産業と競合するからだ」「大麻と天皇はセットだ」「神道をぶっ壊して精神性を荒廃させようとした」など、たくさんの言説があります。実のところ、そうした多くの言説の中でどれが本当の意図だったのか証明することは不可能です。イタコのように、あの世にい

るマッカーサーと会話をして、大麻取締法を主導した意図を聞いてみても、それが本当かどうか証明できませんし、「これが真実です」と明確にお話しすることはできません。

しかし、今、現状はどうなったのか。大麻取締法制定というその謀（はかりごと）を起点として、日本の大麻が激減していった流れを論理的に立証してゆくことは大変難しいことですが、ただ一つ言えることは、今この時、日本の大麻農家は絶滅寸前だということです。

また、厚生労働省による大麻栽培免許発行への過度の干渉によって、都道府県知事によって認可されるべき大麻栽培免許が極めて許可されにくい状況を生み出していることは事実であり、このような状況をつくったのがＧＨＱであることは、意図した・しなかったということを脇に置いたとしても、れっきとした事実なのです。

「大麻」というキーワードに紐づくもの

大麻のことを語ろうと思うと、いろいろな言説が山ほど溢れています。

何のために何を主張するのか、一人ひとり言うことが違っています。立場や意識の違いによって大麻の先に見えている景色がまったく違ってくる。属性が合ったり合わなかったり、意識の階層が合ったり合わなかったり、なかなか一くくりにはできないものです。

では、「大麻」に紐づいているものを列挙してみましょう。

先ほども少し触れましたが、日本で「大麻」と言えば、本当はすぐに「天皇」が想起されるはずなのです。しかしながらGHQの謀によるものかどうかはさておき、そのように思われる方は、日本国民全人口の１％もいないのではないでしょうか。

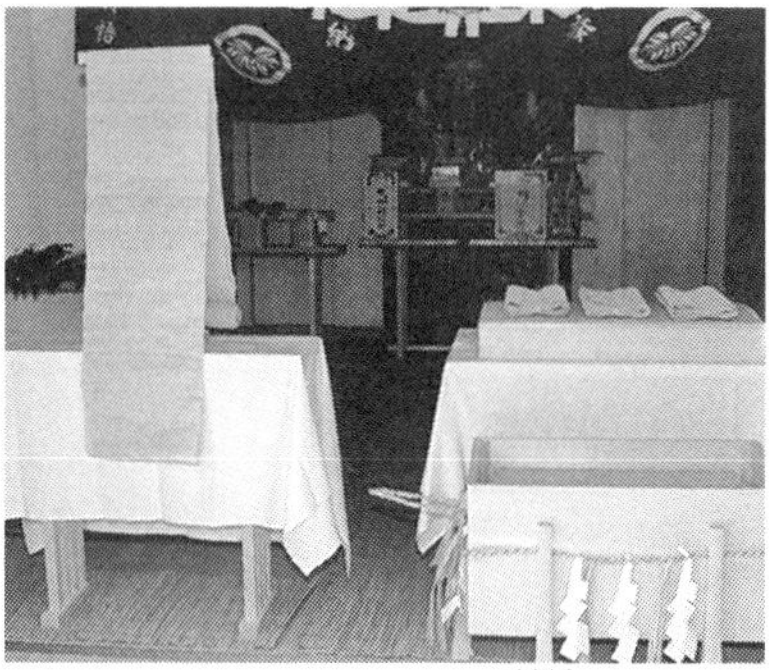

一般的には麻薬のイメージしか導き出せない「大麻」というキーワードには、すごいことに「天皇」が紐づいているのです。

平成の大嘗祭に納められた麻織物「麁服（あらたえ）」の資料写真

２０１９年11月に、大嘗祭（だいじょうさい）が行われました。大嘗祭のときに使われる大事なものに、麁服（あらたえ）と繪服（にぎたえ）があります。麁服は大麻の布、繪服は絹の布で、そこに歴代の天皇の神靈が降りてくる。依り代の働きをするものとして、麁服と繪服を奉っているんです。

麁服は徳島県の剣山の麓でつくられた大麻です。忌部氏の末裔のみなさんが大麻を育て、そして織ってお渡ししています。忌部氏は古代においては、朝廷の祭祀を担い神事で用いる祭具の作成なども担ってきた一族です。中臣氏（後の藤原氏）と共に朝廷の祭祀を担ってきましたが、後に中臣氏の政治力増大によって、じわりその力を失っていきました。

日本の争乱時代を経て、長い間、忌部氏による麁服調進は行われてきませんでしたが、近代になり、大正時代より再び忌部氏（現在三木氏）によって、天皇（陛下）へ麁服が調進されるようになりました。

大正時代に復活した麻・麁服調進は、皇室にとっても、またこの令和の時代において麻と神事の関係性を人々がひもとく鍵としても、ますます意義深くなるものと思います。

「大麻」に紐づいているものとして最近注目されている分野が、医療です。

大麻と医療は今、世界中でテーマになっています。

人道的な背景も考慮すれば、医療と大麻については、今すぐにでも法律の運用を変更する準備を行い、近いうちに適応する患者さんが使用できるようにすべきです。

ここにきてようやく、日本においても医療大麻の分野で動きが出てきています。そういったことも含めて、医療と大麻についてはのちほど取り上げていきます。

それから、大麻と産業もこれから大事なテーマになってゆくでしょう。例えば、大麻の実から搾った油で車を走らせることができます。とてもクリーンですよね。環境保護団体のすべては大麻の活用にこそ意識を向けるときでしょう。

その他にも、大麻とプラスチック。大麻と建材、大麻と紙など、本来は大麻によってたくさんの産業を生み出すことが容易です。日本の大麻取締法の法の運用・法解釈が成熟すればの話ですが。

さらには、取り締まる側として、大麻と麻薬取締官、警察・検察、裁判官など多くの方々が多額の税金を消費しながら関わっています。

近ごろでは、年金の運用に際し、他国の大麻関連企業への運用投資が行われているようですから、こういった機関も大麻に関わっており、国の関連機関同士において大麻観念の捻じれ現象が生じてきていると言わざるを得ません。

日本では、1948年に制定した大麻取締法によって、陶酔作用があるといわれるTHC（Tetrahydrocannabinol：テトラヒドロカンナビノール）を多く含む花穂と葉の利用を禁止しています。

大麻取締法

第一条

この法律で「大麻」とは、大麻草（Cannabis sativa L.）及びその製品をいう。ただし、大麻草の成熟した茎及びその製品（樹脂を除く。）並びに大麻草の種子及びその製品を除く。

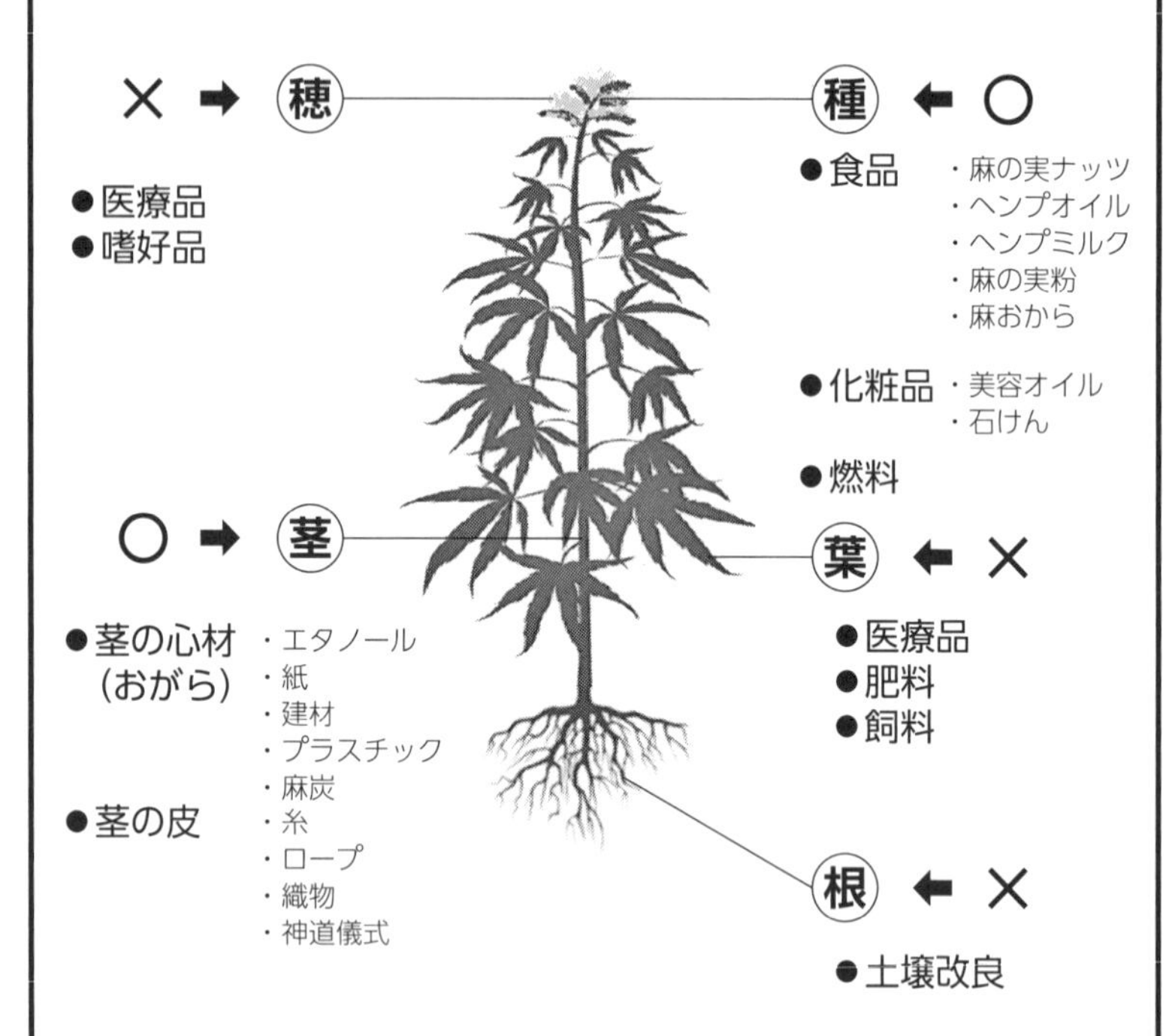

現行法では、茎および種子由来のCBD（Cannabidiol：カンナビジオール）であれば利用することができます。

図１：日本における大麻草の利用許可状況

他にも、大麻と弓の弦、雪駄鼻緒、花火、釣り糸や漁網、そして依り代としての横綱など、大麻は日常にも神事にも大いに役立てられてきたのです。

そうした中で、大麻と祓い清め、そして産靈（むすひ）の作用と哲学を護持しているのは、世界広しといえども、現在では日本だけではないでしょうか。「祓い」という言葉を英語や外国語で表現するのはとても難しいことであり、祓い清めて水に流すという哲学は、まさに日本の宝であり、さらに言えば人類の宝とも言うべき叡智であろうと思います。

大麻農家は絶滅に瀕している／まさに綱渡りの状態

皆さんは大麻を見たことがありますか。

大麻草の実物が生え育っているのを見たことがある方は、そんなに多くないと思います。

戦後においては、都道府県知事によるライセンスで許可されている農家さんが育てているのですが、その多くは金網で囲まれていたり、人目につきにくい場所で栽培されています（もちろん地域や農家さんによって例外はあります）。

合法的に生大麻草を目にする機会は、現在の日本ではほとんどありません。数年前に鳥取にて、とある大麻農家さんが逮捕されるという事件が発生したことにより、日本における大麻の栽培環境はより厳しくなりました。

（実は、鳥取での大麻事件の裏側には、様々な陰謀が暗躍していたことを、私はご本人より聞いています。人情に働きかけ大麻を欲する謎の病人男性・アベアキオの暗躍に関し、いつかその真が明らかになるときがくるでしょう）

この事件以来お役人さんはピリピリしているようで、過去に農家さんが行っていた大麻畑見学などにも行政指導が強く働き、今は農家さんも難儀しているとのこと耳にします。

農家さんが栽培している生大麻草を目にすることが難しいとすると、次に目にしたり触れたりすることができる可能性があるもの・場所は、精麻であり神社仏閣ということになるでしょう。

精麻は、大麻草の茎の靭皮（じんぴ）を剥（は）がした繊維を重ねてつくられたものです。

大麻農家さんは、昔、一番多いときで3万7000戸ほどいらっしゃいました。

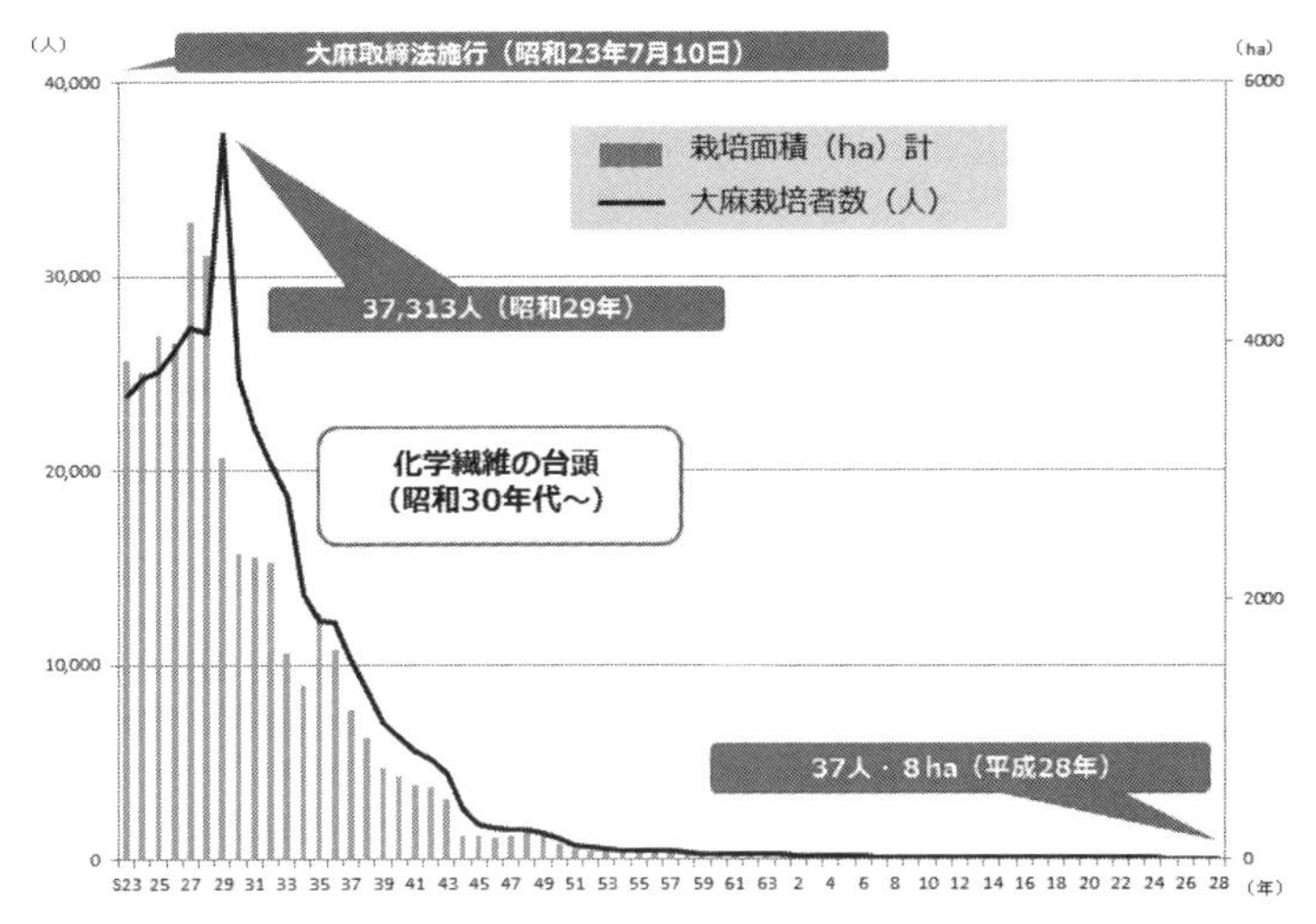

図２：大麻栽培者数の推移
大麻取締法が施行された昭和23年以降、大麻栽培者免許者数が最も多かったのは昭和29年の約３万7000人で、現在はその約1000分の１以下の37人（平成28年末）です。また、栽培面積は約８ha（平成28年末）で、昭和23年以降で最も多かった約5000ha（昭和27年）の約500分の１となっています。（厚生労働省 HP より引用）

戦後、大麻取締法が制定され、今では精麻の流通は、「そこでつくった精麻、麻の糸は、このことに使ってください」と行政で定められています。定められた以外に外に出すことはできませんよというルールのような指導がなされているんです。

今、大麻農家さんが何人いらっしゃるのか正確な数はわかりませんが、厚生労働省のＷＥＢによれば平成28年末においては、たったの37人しかおりません。昭和29年が約３万７０００人ですから、１０００分の１以下となってしまいました。なんという少なさでしょう（図２）。

大麻のライセンスは1年に1回更新が必要です。何かあると止められます。まさに綱渡りの状態ですが、大麻農家さんは仕事を継続するべく、今の法律にのっとって日々厳格に対処されています。

しかし、皆さんもおわかりのとおり、大麻農家さんはみんな高齢になっていきます。加えて、大麻栽培のライセンスは申請しても通過するのが針の糸を通すほどに大変です。

大麻栽培のライセンスを発行する権限を持っているのは、本来都道府県知事ですが、行政窓口は薬務課で、厚生労働省管轄になります。

大麻取締法は、GHQ主導によって制定が誘導されてゆきますが、制定過程においては大麻農家保護の目的を以て農水省がその管轄による農家保護の権限を持っていたのですから、現在においても、両省によって適切に運用してゆくのが、百歩譲って本来の筋なのです。そうでなければ、善悪の判断が混乱をきたすわけです。

厚生労働省の人間が聞く「大麻」の響き解釈と、農林水産省の人間が聞く「大麻」の響き解釈ではまったく見える景色が変わってくるでしょう。

一つの言葉・単語から想起する景色が人によってまったく違って見える代表格が「大

麻・大麻草」と言えるかもしれません。

近年、伊勢で栽培のライセンスが通りましたけれども、そこでつくった精麻は三重県内の神社での使用にとどめられています。結果的に大麻栽培の継続が難しいような仕組みになっていませんか。

精麻というのは、そんな中でつくられている非常に貴重なものであることをご理解いただければと思います。

分断される大麻の概念

大麻には「あさ」「おおぬさ」「おおあさ」など様々な呼称が存在しています。

昔から日本では、「麻」といえば大麻のことを指していました。古い文献にある「麻」という表記も「大麻」を意味しています。本書においても、麻・大麻と臨機応変に表記していますが、すべて大麻草のことを示しています。

ところが現在では、一般的に「麻」と呼ばれるものには60種類を超える植物原料が含まれています。にもかかわらず、家庭用品品質表示法では、麻と表示できるのは、リネン（亜麻）とラミー（苧麻）を材料とした製品に限ると定められており、大麻を「麻」と表示すると法律違反になってしまうわけです（大麻の表示は「植物繊維（ヘンプ）」「植物繊維（大麻）」）。

このように、かつて日本では「麻」といえば「大麻」を指していた文化がありながら、現在では表記法や呼称で混乱が起きているわけです。

さらに日本における大麻は極と極に分断されています。

大麻取締法、この法律の悪いところは、法によって大麻を分断することによって人々の心まで分断するところです。

医療は受容する、神事は受容する、産業は受容する、大麻草を勝手に分断しておきながら、人間が何様目線で大麻草を区別しているのか。

茎も種も葉も花穂も根も、すべて繋がっている一つの有機体である大麻草。

葉と花穂は逮捕され、社会的な制裁を加えられる。

一方で大麻の茎は神様の依り代であり祓い清めの力。

頭を下げて祈ってもらったり、所持して手錠をかけられたり、大麻草を法で分断させた影響は、様々なところに影を落としているのです。

天皇が日本国民統合の象徴であるならば、祭祀の頂に立つ天皇（陛下）が護持してきた大麻草は、今や日本国民分断の象徴であるといえます。

ここに、理不尽と矛盾は観えていますか。

生命力を高める大麻草の作用

医療大麻という扱い／大麻には健康成分が満ち満ちている

最近は世界的に、医療大麻というワードが飛び交い、活発な動きがみられます。

なぜ医療大麻は効くんでしょうか。だって麻薬でしょう——そう思われている方もいるかもしれません。ですが実際に、てんかんへの作用や難治性疾患である多発性硬化症、うつ、糖尿病、その他がんなどの疼痛（とうつう）コントロール作用が注目されており、世界のお医者さんたちの論文を集めれば、有効であろう病名は優に300を超えるだろうと推測されているようです。私はお医者さんではないですので、医学的な話は、大麻の医学的有用性を発信されているドクターに、その責をお願いしたいと思いますが、大麻を論じる際、根本的にすごく大事なことがあるんです。

大麻の持つ普遍的な化合物がカンナビノイドです。これはあらゆる生命体が持っているまさに命の源と言っても過言ではない成分です。これが満ち満ちている植物が大麻なんです。現在100種類以上のカンナビノイドが発見されていて、その中にはもちろん精神作用がある成分もあります。

大麻が持つカンナビノイドの中で、二大成分と言われるものが、

THC（テトラヒドロカンナビノール）と、

CBD（カンナビジオール）です。

この二つの成分が、大麻カンナビノイドのツートップです。

また、サプリメント・食品領域では、CBDはとても有名になってきており、国内においても健康維持への意識が高い方々の間で人気となっています。

大麻の成分でありながら、なぜCBDは流通がなされているのか。それは、CBDが大麻の茎から抽出された成分だからです。お伝えしているとおり、大麻取締法では大麻の茎と種子は除外されています。大麻の花穂と葉には、もう一つの大麻のツートップ成分THC（テトラヒドロカンナビノール）が豊富に含まれているため、取り締まりの対象となっ

ていますが、大麻の茎から抽出したＣＢＤは流通可能という解釈が現状です。

現在、海外では、人道的な意図を以て大麻草の薬理研究が多くなされていますが、日本では「薬」としての活用復古は大麻取締法第四条を中心とした法によって大きく出遅れているのが現状です。

そんな中、２０２１年に入って、ようやく議論が活発化し、国内での医療大麻の活用に向け進展がありました。１月、厚生労働省において有識者会議が立ち上がり、５月にはＮＨＫが「厚労省　大麻草を原料とした医薬品の国内解禁へ」と報道し注目を集めています。

しかし一方で、この有識者会議では、大麻取締法における大麻使用罪の創設についても議題にあがっています。《ＣＢＤ＝善　ＴＨＣ＝悪》という構図が、法律によってますます加速してしまうことが憂慮されますが、今後の法運用の第一歩として、大麻を部位で規制することなく化合物の種類で分けてゆくことが望まれます。

参考までにですが、ポカリスエットで有名な大塚製薬は２００７年、アメリカにおいてがん疼痛治療剤として「サティベックス」の開発と販売に関するライセンス契約を締結しています。この大麻製剤は、１プッシュスプレーにつきほぼ１対１の割合でＴＨＣ（日本で逮捕対象）とＣＢＤ（日本で流通）が含有されています。

「大麻なんて病気に効かない」というコメントを様々なメディアで目にしますが、もう少し冷静になって、様々を精査してゆく必要があるでしょう。

なお、大塚製薬の創業地は徳島県です。このサティベックスは、もしかすると忌部氏の靈統を以て、大麻で人を助ける智慧（ちえ）を世界に先んじて顕した活動だったのかもしれません。

「内因性カンナビノイド」は体内でつくられる大麻類似化合物

実は、人体に有効と言われるTHCとCBDと同じような反応・動きをする化合物を、私たちは体の中で作り出しています。体内でつくられるその化合物は、「内因性カンナビノイド」と呼称されていますが、まずはこのことを、理解していただきたいと思います。

・エンドカンナビノイドシステム（ECS）

内因性カンナビノイドは、人類だけではなく、脊椎（せきつい）を持つすべての動物に存在します。

体内で化合物がつくられるということは、それをキャッチする受容体があるということになります。カンナビノイド受容体は「CB1」「CB2」と呼ばれ、脳をはじめとし免疫系から内臓まで全身に分布しています（図3）。たとえるなら、内因性カンナビノイドは鍵であり、この化合物を受け入れるカンナビノイド受容体は鍵穴と表現すればわかりやすいでしょうか。

内因性カンナビノイドは、日本における大麻の違法化合物THC同様に、カンナビノイド受容体を活性化させるリガンド（伝達分子）でもあります。

つまり、内因性カンナビノイドが体内で受容体（CB1・CB2）と結ばれている状態こそが、私たちの本来のバランスなのです。

この身体の仕組みを科学者やお医者さん方は、エンドカンナビノイド・システム（ECS）と呼称しています。このシステムは細胞と細胞の通信活動、連絡網を支える大事な仕組みであり、人の恒常性維持（ホメオスタシス）に貢献しています。

エンドカンナビノイド・システムはいわば、生命に必須の仕組みと言えるわけですが、医師・科学者の研究によると、昨今、一般的に遭遇する不定愁訴系の不調や、さらには病気発病前の体内においては、この大事な内因性カンナビノイドが不足しているであろうことが指摘されているようです。

このことは、健康や生きがいを語るうえでは、とても重要な点となります。

全身に分布している
カンナビノイド受容体

脳・中枢神経系・脊髄
皮質領、小脳、
脳幹、大脳基底核、
嗅球、視床下部、下垂体、
呼吸器、甲状腺、上気道

皮膚
免疫系、リンパ系、血液系
目、骨
心臓、胃、脾臓、消化器、肝臓、
腎臓、胸腺、扁桃腺

〈女性〉
子宮、卵巣
〈男性〉
前立腺、精巣

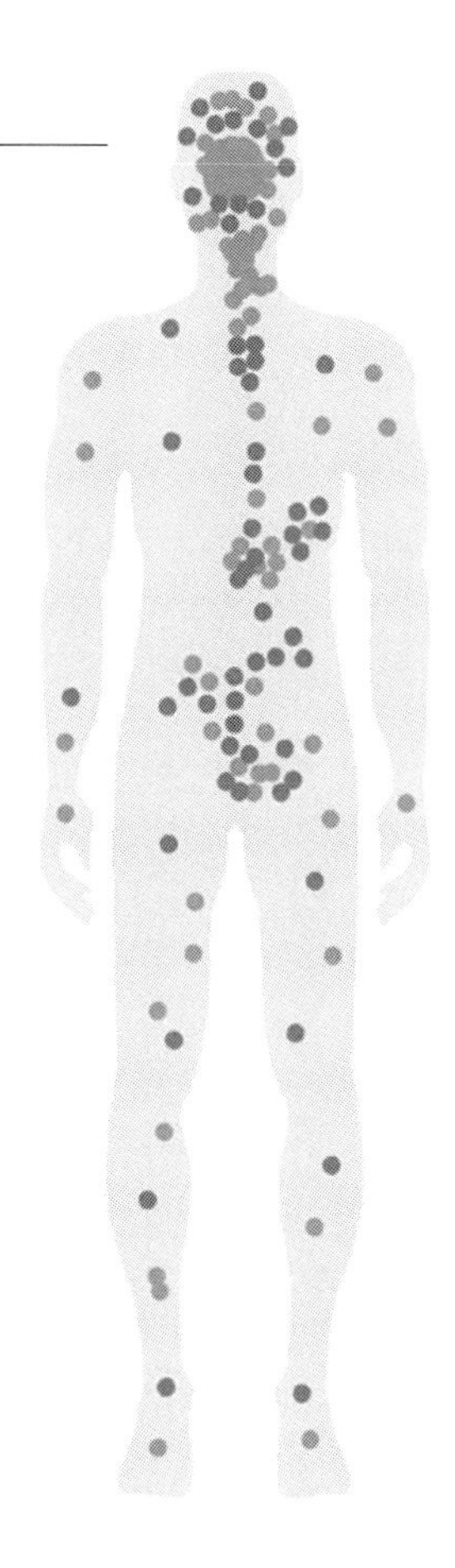

図３：「カンナビノイド受容体」分布図

・内因性カンナビノイドが不足する理由

なぜ生命維持において大事な化合物である内因性カンナビノイドが不足してゆくのでしょうか。内因性カンナビノイドの分泌が抑えられる原因は二つだと言われています。

まず一つは加齢によるもの。これは肉体というものが物質である限り避けがたいわけであり、内因性カンナビノイドに限らず全器官・機能の加齢変化は当然の如く生じます。かたや、精神性というものは時に歳を重ねたからこその厚みが増してくるということも私たちは経験的に知るところですから、身体機能が幾分低下しようとも精神性が向上していれば私たちの人生は華やぐわけです。

さて、もう一つの抑制要因が重要になってくるわけですが、その要因は「ストレス」であることが明らかになってきているのです。ストレスが病の主因にあること、この関係性は多くの人々の知るところですが、その仕組みの要に内因性カンナビノイドが関係しているということなのです。

現代に蔓延するネガティブループ

私たち人類だけではなく、あらゆる動物たちも含めて、内因性カンナビノイドが満ちていなければ、エンドカンナビノイドシステム（ＥＣＳ）、細胞間の結びは弱くなり、生命の恒常性（ホメオスタシス）は低下します。

内因性カンナビノイドの低下は、情緒の不安定性にも繋がります。

本来、私たちの中には内因性カンナビノイドが満ち満ちていなければなりません。けれども現状は、多くの人々がネガティブループに嵌(はま)っているのであり、それが、病気や犯罪、さらには自殺を招いているのです。

不安・恐れ・悲しみなどこれらの感情が過度に心の中に停滞してゆきますと、内因性カンナビノイドは不足状態へ陥りやすくなり、ストレス性の物質が体内で産出されやすくなり筋肉がこわばり始めます。

←

こわばりによって各組織・器官に酸素や栄養を運びにくくなります。
また、嫌気性代謝が生じ血中に発痛物質がつくられやすくなり、さらにストレスを感じます。

↓

ストレスによって、交感神経が亢進しやすくなり活性酸素が過度に出現し、酸化ストレスが発生。

↓

交感神経優位が維持されやすくなり、副交感神経が働きににくくなり免疫が低下し、不眠などの症状も出現しやすくなり、心身が疲弊してゆく。

このネガティブループを緩和させるために、西洋医学では痛みを止めるための対症療法が採用されているのが現状です。
一方、内因性カンナビノイドが過度に不足した状態を解消するために、外から取り込むというのが療養の基本的な考え方となり、ここに医療・生薬としての大麻草の恩恵が存するのです。

お母さんの母乳と内因性カンナビノイド

乳児期・幼少期に、母親から母乳をもらえなかったり、スキンシップや接する時間が過度に少なすぎると、大人になってからも人は自らの尊厳維持と情緒の安定を作り出すことに難儀する傾向があります。

コロナ禍で緊急事態宣言が出ている最中であっても、公の立場のある政治家たちが「おっぱいパブ」に出かけたり、銀座に出かけてしまう要因の多くは、ここにあります。乳房と母親に、自らの愛情不足を投影し、それを満たそうとする行動に走ってしまうのです。

インドの覚者ＯＳＨＯがずいぶんおもしろいことを言っています。

いわく、「あなたがもしお母さんにすごく恋焦がれているのだったら、哺乳瓶を利用しなさい」「おしゃぶりが足りていないね、君は。丸まって哺乳瓶を口にして、それを吸い続けてみなさい」という話をしています。そういうセラピーがあるのです。

この話もまた示唆に富んだ話で、大麻の真を得る意味ではとても重要な内容になるのです。栄養満点で、母親の愛情そのものであるおっぱい・母乳には、内因性カンナビノイドの構成要素であるアラキドン酸がたくさん含まれているのです。

赤ちゃんも、生まれて間もなくストレスを感じるときがあるでしょう。家族内での様々。時にお父さんお母さんがいがみ合うこともあるでしょう。TVの音や外出した際の景色などなど、目や耳や肌で感じるものの中には耐えがたいものが含まれていることがある。そんなとき、赤ちゃんは自己防衛のために泣く。ここで、母親のおっぱいを赤ちゃんが飲むことで母乳に含まれる内因性カンナビノイドが補充され、赤ちゃんは泣きやむわけです。内因性カンナビノイドが赤ちゃんの神経を護り、情緒を安定させる働きをしてくれます。

先ほどのOSHOの話に戻りますが、確かに哺乳瓶セラピーは効果がありそうです。実のところカンナビノイド受容体活性と吸啜（きゅうてつ）・哺乳反射は、関係性があると考えられており、母乳が出る出ないに関係なく、赤ちゃんに乳を吸わせることはエンドカンナビノイド・システムの活性に影響があり、それは情緒の安定に不可欠であることは容易に推察できます。

先ほども言いましたが、幼いときに母親の愛情が希薄だった方は、内因性カンナビノイドが不足する傾向があるようですが、人によっては、この不足を補う方法の一つとして、一石二鳥なのが「大麻を吸うこと」ということになるのでしょう（カンナビノイド補充と原始反射である吸啜・哺乳反射の補塡）。医療大麻による大麻吸引は、エンドカンナビノイド・システム不全症の生理からすると人間が行い得る生命維持のための「本能」や「自然なこと」と言えるのではないでしょうか。

もちろん、法整備が未熟な日本では、医療使用であっても、みだりに大麻を所持することは違法となる可能性が高いので、ここではそれを惹起するものではありません。念のため一言添えておきたいと思います。

ネガティブループを断つ根本的解決とは

大麻の医療的使用を考察するうえにおいては、医療の線引きや定義をし直すところから考えてゆくべきですが、それはそうと、人類にとって最良の答えというのは、自分の体の中から内因性カンナビノイドが満ちることであり、満ちる環境を誰もが備えることができる社会の構築であることは、言うまでもありません（私も含めそれぞれの事情において、誰もが愛情に囲まれた環境で育ってきているわけではないのですから)。

そして、本書が伝えたいことは、現代に蔓延するネガティブループの根本的な解決に向けた取り組みについてなのです。

・ストレスとは何か

ここで、カンナビノイドが不足してしまう慢性的な「ストレス」というものを考えてみたいと思います。

ストレス学説を最初に唱えたのはカナダの内分泌学者ハンス・セリエで、彼はストレスを「寒暑・騒音・外傷・中毒・感染などから、緊張や心労などの有害な刺激によって引き起こされる生体機能のひずみ」、このように示しており、深く頷けるところです。

また、厚生労働省調べによれば男性は「仕事上のこと」女性は「自分の健康・病気・介護」「収入・家計」において心労の割合が高いようですが、皆さんはいかがでしょうか?

これらを踏まえつつ、本書では「ストレス」を一言で定義してみたいと思うのです。

ストレスとは「らしくない在り様」。

「らしくない」の連続は、慢性的な我慢によって継続的にストレスホルモンが分泌され、本来の防衛システムから心身を破壊していく方向にその作用が転じられていきます。

らしからぬ行動
らしからぬ言葉
らしからぬ時間経過
自分らしからぬ云々
こんなとき、私たちはストレスを感じているのです。

先ほどの厚生労働省調べを例にして言えば、その仕事や業務は、本当に自分らしく力を発揮できるものなのか？（たとえて言うなら、本来アーティストであるべき人間が、医者の家系ということでそのしがらみに逆らえず医者をせざるを得なくなっていないか）
自分の本望に従い、正しく選択ができているのか？
内因性カンナビノイドが不足する要因の一つは、この自分らしからぬ生き様であり、これは生命原理への禍事で、本望への抑圧・自分への裏切りにもなりかねないものなのです。

自分らしさの探求と内因性カンナビノイドの復活

内因性カンナビノイドの一つであるアナンダミドは、その名称をアーナンダという仏陀の弟子の名前からとっています。「アーナンダ」は、サンスクリット語で「幸せであれ」という意味です。

あなたがあなたらしくあるならば、ネガティブなストレスは限りなく減少するでしょうし、幸せを感じながら日々を過ごせる。

このとき、私たちは内因性のカンナビノイドを最適な状態で復活させることのできる可能性が高まります。私たちは本来、アナンダミド、2-AGといった内因性カンナビノイドを自分たちで出すことができるのです。

あらゆる身体機能・器官のバランスを保つためには、「自分らしく生きる」、この哲学と意気込みこそが、絶対条件となってゆきます。

一人ひとりが内側からカンナビノイドを生み出すとき、即ち「らしく生きよう」と決断するときに、それと時同じくして、現代社会のアンバランスにも変容が生じてゆくのであり、誰もがカンナビノイドを溢れさせることができ、幸福を感じることのできる社会の仕組みを構築してゆけるようになるのです。

「らしからぬ」を消すためには、「らしさ」を顕してゆくこと。

大事なことは、自分らしさを「知る」ということであり、それを発揮することと言えます。当然と言えば当然なのですが、自分自身の本音を知り、さらにその本音が本当に本音なのかと探求する自らへの洞察力を磨くことは、一見単純なことでありながら、実のところ人生の大きなテーマの一つではないでしょうか。

・「つつましさ」は時に罪・禍となりストレス社会への加担

例えば日本の美徳に「つつましさ」というものがあります。

時に美しき徳であり、時に自分の本望・スピリットを包んでしまう（包む身・罪）こととなりかねません。時代の大きな変容期である昨今においては、つつましさが、罪に繋がることがあり得るのです。

自分の本望・スピリットと乖離(かいり)している事象にも迎合してしまいがちな言動や振る舞いは、後にストレスの捌(は)け口としての陰口や悪口として、自らの心身や関係性を穢してしまいます。

同調したほうが何か安全だ、目立ちたくないと、大多数の方々がつつましい同調姿勢に安心感を抱き、社会全体に「おとなしさ」が蔓延していく。こうして、人々に、慢性的なストレスが生じる社会構造が強固になってゆくのです。

このおとなしさ・つつましさが、「らしくない・らしからぬ」を生み出す社会風潮のもととなっていることは否めないのです。

それは本当に私たちを豊かにし喜ばせるものなのか

現在の日本という国は、人々も政治家もまことにおとなしく、多数に迎合する姿勢を崩しにくい社会風潮です。ですが、これらの風潮、大多数の意見というのは、一体全体どこからやってきたものなのでしょうか。その風潮は、私たちを喜ばせるものなのでしょうか。本当に世界を喜ばせるものなのでしょうか。

私たちは今、本望を生きることができているでしょうか。

なぜ、たくさんの人々が苦境に立たされ、多くの方が精神医療に頼らなければいけなくなるのでしょうか。なぜ、こんなにもたくさんの自殺者が現れるのでしょう。

この社会にはたくさんの「なぜ？」が存在しています
運よく自分は満たされているという方は多くいらっしゃるでしょう。しかし、今このとき、生きるか死ぬかの瀬戸際の苦境に立たされている方がたくさんいることを知るとき、満たされている方々であっても、心の底から歓喜できない何かを感じているはず。

宮沢賢治は、「世界がぜんたい幸福にならないうちは個人の幸福はあり得ない」と残していますが、多くの人々の奥底にはこれと同様なるスピリットが隠されているのではないかと思います。

「自分は大事、そしてあなたも同様に大事」

この普遍的哲学は、世界が和してゆくための鉄則になってゆくはずです。

多次元的に作用する大麻の靈力

医療大麻という視点では、大麻が及ぼす肉体レベルの効能にのみ注目していますが、そもそも古来より日本人は、大麻が空間のエネルギーや肉体の外側に広がる各エネルギー体、さらには形而上にも強力に作用をもたらす植物であることを理解していました。

現状に蔓延するネガティブループの始まりの部分、感情の停滞時に「祓い・流す」という叡智を用いてほしいと思っています。

肉体が内因性カンナビノイドを枯渇させない「心の環境」、「生活の環境」をつくることが、根本的な解決へと向かうためには欠かせません。

一人ひとりの本音や本望が奥底から顕れてゆくための手法として、日本の叡智であり神道の技、大麻で心身を祓い清めるという法がおおいに役に立つのであり、これが本書の核なのです。

神奈備＝神様がおわす場所

大麻は学名をカンナビスと言いますが、日本には、この学名と同じ音が重なる言葉があります。それは「神奈備（かんなび・かむなび）」です。これは偶然なのでしょうか。はたまた偶然という名の必然でしょうか。

神奈備という言葉は、「神々が鎮座」していることを意味し、神籬（ひもろぎ）とも言います。日本では特に神山や磐座（いわくら）、滝や神木などをそのように呼称し、大自然に神が宿っていることを知り敬ってきました。

大麻の成分はカンナビノイドと言われているとお伝えしましたが、「ノイド」は「〇〇のような」「〇〇みたいな」という意味です。

「神奈備」＋「ノイド」、まさに「神々のようなもの」が私たちの体を巡って、繋がりを保ってくれている。エンドカンナビノイド・システムは、体のネットワークを調和させる仕組みです。それが分断されているということは、心と体とスピリットが分離されている、あなたとあなた、あなたと神、あなたと大自然が分離されているということです。

人類の内に宿るカンナビスたる内因性カンナビノイドを満たし、人類は、いつの日か穢れを吐き出さない神籬になってゆくことができるのではいないか？

言靈の重なりに、大麻の未来と人類の未来に明るさを見出してゆきたいと思うのです。

日本の伝統的な医療・和方の要は、祈りと生薬

その昔、日本では祈りと生薬の処方が医療の中心でした。漢方に対し、和方と呼ばれていました。


医術としての祈りは、特に権力者には必須の処方だったのです。

病の種類によっては、それを「治す」ために、様々な邪気怨念・因縁を、直き状態へと導く必要があることを当時の方々は感じていたのでしょう。

祈りの中でも大麻祓いは、「直靈」を取り戻す叡智となっています。

「治る」の語源は「直る」にあるわけですが、直るとは、様々に絡み合った人々の重たい因縁を平らかにすることでもあり、気が枯れない状態へと導く手法でもあります。

直靈を導く大麻祓いは、悪味・悪行・悪癖、即ち現代で言えば暴飲暴食などをはじめと

する生活習慣を清く正す力が内在し、それは人々に健全さをもたらす作用の発揮となります。

祈りには回復への確かな効果があることを人間は本能的には知っていますが、科学的にも様々な実験努力により、「祈り」が確かに作用していることが明らかになっています。

ＣＢＤやＴＨＣは、内側から、細胞に働きかける、大麻草の作用。

祓い清めは、外側から意識へと働きかける大麻草の作用。

そのどちらをも分け隔てずありがたく役立てて、自らがまさに神のおわします場所として、神奈備で生きてゆきたいものです。

大麻の奥に見る日本人の二つの姿

現在国内において、日本の大麻が廃れてなくなってゆくような流れが存在しています。

本来、神社で大麻が使用されるべきところに石油由来の化学繊維が用いられたり、中国産の大麻が用いられたりしているわけです。

現在、日本の政治は欧米と中国の板挟みになっているわけですが、その様は、すでに私たちの精神性でもあり、神聖な祈りの場である神社に顕れているではありませんか。

中国産の精麻を使わざるを得ない現状を生んでいるのもまた、大麻取締法の運用が未成熟であることが原因なのです。利便性や安価なことをよしとする仕掛けられた価値観・風潮が、本質を見抜けなくしているとも言えるでしょう。

自らの国で調達すべき神の依り代であり社寺の要である大麻を自己調達できていない状況を鑑(かんが)みずして、そのような精神性でどうやってまともな外交が行えるというのでしょうか。まずは、祓い清めの力であり神籬でもある、大麻への視座を立て直す必要があるでしょう。そこからなら、日本人の奴隷根性を立て直せる可能性があるのです。


私には大麻の奥に二つの透けて見えるシーンがあります。

一つは、搾取され続ける日本人の姿。

そしてもう一つは、日本人が精神性を立て直し世界中の国々に尽くし続けてゆく姿です。

人類意識の大いなる変換地点に生きる今、私たち日本人は、どちらを選ぶことができるのでしょうか。

◆

本章では、日本における大麻の現状について、知っておいていただきたい基本的なところをお伝えしました。

農作物としての大麻、医療への有効性、法律と取締りといった様々な観点からの詳しい解説はその道の方々にお任せするとして、次章よりいよいよ、大麻が祈りの秘宝たる所以について深めていきたいと思います。

医療大麻先進国のタイでは、法律が大きく変わったようである。すでにアプリを使っての医療大麻推進は2020年の段階でだいぶ定着してきており、あらゆる場面での大麻活用は、タイ国民にとって経済的にも潤いをもたらすことになってゆくだろう。

タイの病院が大麻料理を開発。大麻ガパオライスや大麻スープなど４品や大麻茶などを提供する。

【バンコク週報の記事／2021年１月29日】

保健当局に登録すれば大麻の栽培・販売など可能

保健省食品医薬品局（FDA）のスパトラ副事務局長によれば、１月29日の省令発効に伴い、当局に登録した者はこの日から誰もが大麻を栽培、販売、配布、所持することなどが可能となる。

この省令は28日にアヌティン保健相が承認。省令によれば、誰もが商売・治療・教育・研究・文化などあらゆる目的のために大麻を栽培することが可能となる。また、大麻を材料として抽出物・ハーブドリンク・化粧品など付加価値商品を生産することも許されるという。

コラム①　世界における医療大麻へのGOサイン

大麻草には素晴らしい薬理作用があり、日本以外の先進諸国では医療に役立てるための研究が大きく進んでいる。
世界では、2020年12月に医療大麻をめぐる大きな動きがあった。国連麻薬委員会が、医療や研究目的の大麻を承認する方向へ舵を切ったのだ。これが追い風となり、日本においても変化の波が起きはじめている。

【日本経済新聞の記事／2020年12月３日】
大麻を「最も危険」分類から削除　医療用、国連委が承認
国連麻薬委員会は２日、医療や研究目的の大麻を国際条約で定められている最も危険な薬物分類から削除する勧告を承認した。国連本部での手続きを経て、早ければ2021年春にも適用になる見通し。患者の痛みの緩和などに向け、大麻の合法化を後押しする可能性がある。

【NHK NEWS／2021年５月14日】
大麻草を原料にした医薬品 国内での使用解禁へ 厚生労働省
大麻草を原料にした医薬品について、厚生労働省が国内での使用を解禁する方針を固めたことが分かりました。大麻草を原料にした医薬品は、アメリカなど海外の複数の国で承認され、難治性のてんかんの治療やがんの痛みを抑える目的などで使用されています。一方、国内では大麻取締法の規制の対象となるため、使用や海外からの持ち込みが原則禁止されていて、医師などから解禁を求める声が出ていました。このため厚生労働省は、法律の見直しを視野に検討を進めてきましたが、海外からの輸入に加え、国の承認を得れば医薬品メーカーによる製造・販売も認めるということで、有識者会議で方針を示すことにしています。

第3章 大麻と祓い清め

神道における大麻

・即座に作用する祓いの力

大麻はその薬理作用もさることながら、実は大麻の茎の靭皮を剝がした繊維の部分にこそ本領があります（当然ですが、この部位は取り締まられていません）。

この繊維を精麻と言いますが、この繊維にどれほどの作用が隠されているのかを古の日本人は知っていました。なぜ、大嘗祭で天皇があらたえ（麁服）を使用するのかに想いを巡らせてほしいと思います。

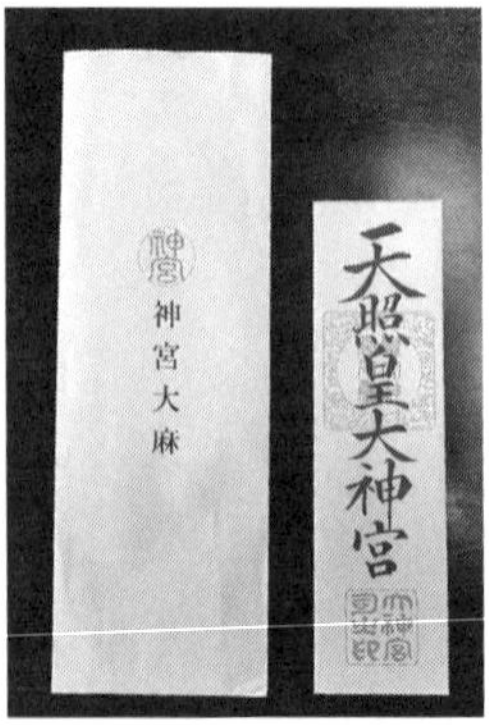

神宮大麻

古より大麻草は、ご神事において重要な役割を果たしてきました。

伊勢神宮のお札を、「神宮大麻」と呼ぶことは、当て字ではなくて、現に大麻草を以て「大麻」を頒布していた歴史が存在するからです。

塩・火・水などを用いた様々な祓い清め・禊・浄化

法が存在していますが、即座に作用する祓いの力として、大麻が存在しています。

祓い清めの幣（ぬさ）、鈴緒、結界縄、時にしめ縄や護摩木などこれらすべてが大麻草でできています。日本の伝統的な祈り、呪術、また世界のシャーマニズムにおいてはまさに欠かすことができなかった植物ということが言えると思います。

・鈴の音と言霊

皆さんが神社で一番目にしやすいのは、鈴緒として使われている大麻でしょう。

鈴緒は大麻（精麻）をねじり合わせています。これは、単に切れないよう頑丈さを求めているものなのでしょうか？　実は、そうではないのです。

「麻（あさ）」をねじる意味、鈴緒に「麻」「大麻」を使用してきた意味は大変奥深いものがあるのです。

多くの方は参拝の際に鈴と「麻」「大麻」を振り揺らすことで大麻に触れ鈴の音を鳴らし、「祓い給え清め給え云々」と言霊を発して、また、自らの想いを発せられるかと思います。

鈴には音によってその場を祓い清める力がありますが、また、もう一つの鈴の役割は、神道・神様の根源、即ち皆さんの精神性の根源は「言靈・音の重なりですからね」ということをずっと示し続けるところにあるのです。

新約聖書にもこの意味が示されています。

「はじめに言葉ありき。言葉は神と共にあり、言葉は神であった。言葉は神と共にあった。万物は言葉によって成り、言葉によらず成ったものはひとつもなかった。言葉の内に命があり、命は人を照らす光であった。その光は闇の中で輝き、闇が光に打ち勝つことはなかった」

この内容と鈴・大麻は同じ意味となります。

皆さんが発せられたその言靈の響きを最初に聞こし召すのは、どこかの神様ではありません。神職さんでもありません。発した、私たち自身が一番初めに聞くことになります。

祈りとは、〔意宣(いの)り〕であり、自らが自らに下す宣命であり指示です。

・鏡——我を超えて神と共にあれ

神社に鏡がお祀りされている理由もここにあります。

「自らの我（が）を超えて神（かみ）と共にあれ」

大麻の作用は物質と非物質、神と人を繋ぐ架け橋。

鈴・大麻・鏡は、私たちに祖我一如・凡我一如の理を伝えているのであり、その理への誘いとして鈴と大麻のコンビネーションたる鈴緒があり、拝殿には鏡が置かれているのです。

ですから「神様!! 私があなたに会いに来ました」と、アピールするがごとく鈴緒を大きく振りすぎないようにされたらよいです。一度、鈴が外れてふっとんでいったのを見たことがありますので。

・大幣——大いなる幣の要は大麻

正式参拝に行くと、頭を下げます。神主さんがバサッバサッとやるものを幣と言います。

大幣、大いなる幣は、「大麻」とも書きます。大いなる幣の要は大麻である。それに私たちは頭を下げる。麻がバランスをとってくれることを私たちは知っているのです。神主が「祓いたまえ、清めたまえ」と言う音の響きがまさに感じられてくるわけです。

大幣は大麻である。ですが今は、幣の紙垂の奥に見えるか見えないぐらいしか大麻がない。ほとんど紙だけになってしまっていますが、本当は精麻がくくられていて、「祓いたまえ、清めたまえ」となるわけです。

ご神鏡

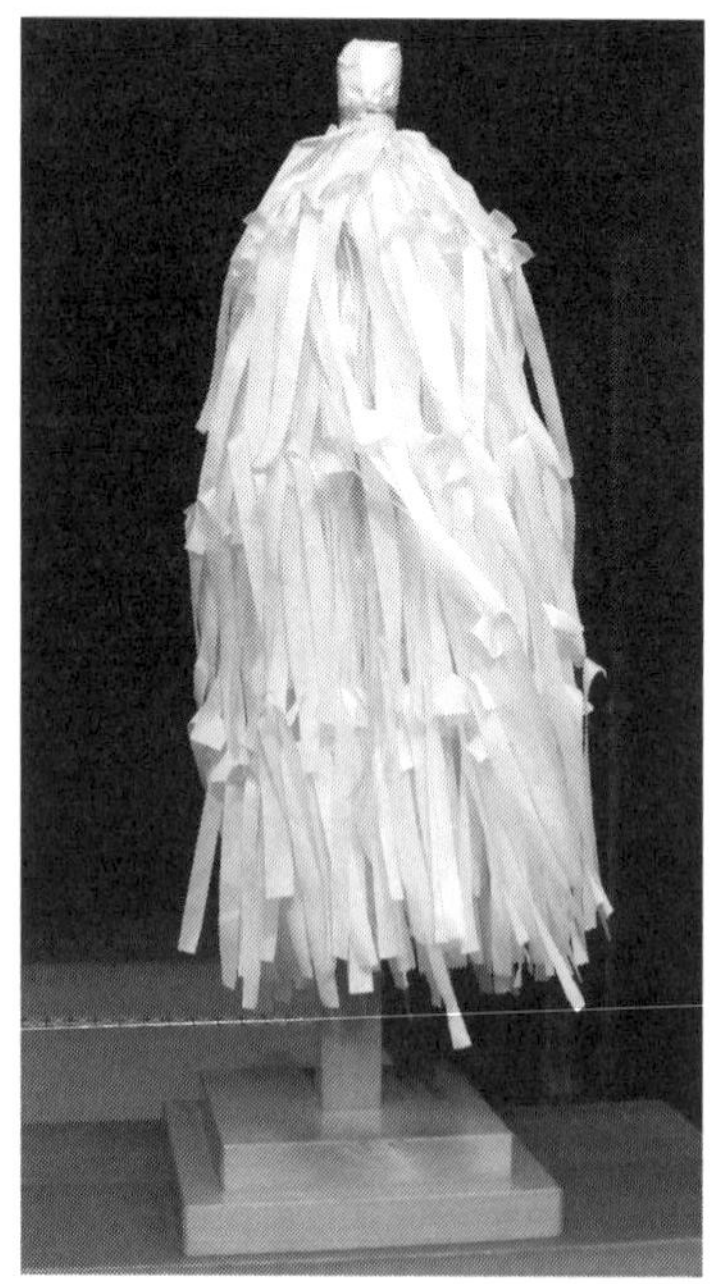

大幣

【国産精麻を使い新調された鈴緒】

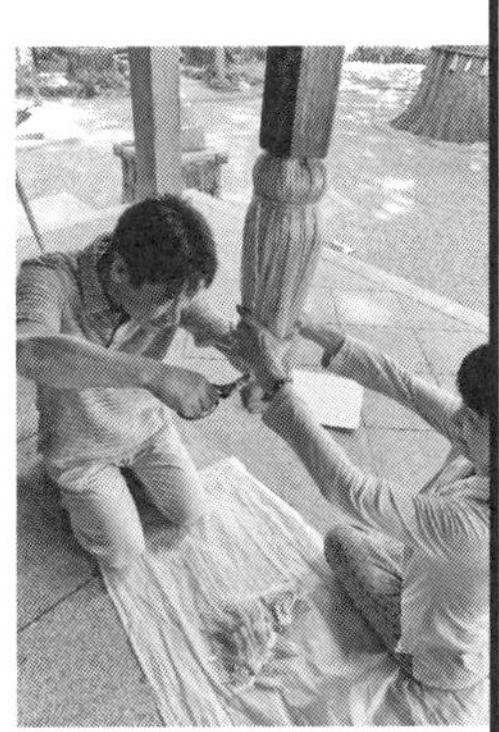

石川県にある能登國二ノ宮「天日陰比咩神社」において、古くなった鈴緒の付け替えが行われた。一社）日本燦々認定大麻飾り職人である岩田典子さんが国産精麻を奉納、禰宜・船木清崇氏とともに作業にあたり、鈴緒が新調された。（2020年 8 月）

麻引きの作法

古にさかのぼりますと、祓いの作法は「麻を引く」というものでした。麻で撫(な)でるという法もあり、人の肌・皮膚と麻・大麻が直接的に触れ合うことによって、罪・穢れが麻・大麻に「移る」と考えられてきたのです。

「大麻が人々の穢れを吸い込みますよ」という観念のもとに、こういった作法が、日本では脈々と受け継がれていたのです。

ここに六月晦日の大祓の作法が記載されている資料があります(資料①)。

「大麻を引かしめ」「(麻(ぬさ)で)各が身を撫でて」という表現で麻引きの祓いについての記述が出てきます。

青和幣(あおにぎて)、白和幣(しろにぎて)という布物を垂らした麻(ぬさ)で身を撫でて、麻に罪・穢れを移す。罪・穢れが移された麻、祓いものは全部卜部(うらべ)(占部)が大川に持っていって、水に流し捨てる。流し捨てられたものは最終的には大海原に出て、祓い清めの最高神たる瀬織津姫(せおりつひめ)が消滅へと

る。(朱雀門大祓圖參照) かくて未の一刻から、各員がそれ〴〵の位置に著き、先づ參集した人々の人數を記した目錄を集めて、人員報告を行ふ。これは漸次怠慢の者が多くなるのを防止する爲である。此の時宮中の御贖に奉つた御麻を、卜部が捧げて祓所に到著すると、それに祓稻を插む。やがて神祇官が、五位以上に切麻を頒ち、終つて中臣が祝詞の座に就いて、大祓の祝詞を讀み、「諸聞し食せと宣る」といふ語の度毎に、刀禰(諸司の六位以下の者)一同が稱唯する。祓へ終つて六位以下に大麻を引かしめ。次に切麻を撤して退散するのである。麻は青和幣白和幣であつて、各が身を撫でて、罪穢をそれに移して祓ふものである。切麻は一人々々に切つて頒つのを云ひ、大麻は樹てゝ置いて、人每に引かせるのを云ふ。古今集に「大幣のひくてあまたになりぬれば思へどえこそたのまざりけれ」とあるのが是である。而して宮中の御麻御贖物は、大祓の麻祓物と共に、式後に卜部が大川に持つて行つて、流し棄てるのである。

以上述べた御贖並に百官の大祓の儀式は、古來一般に行はれた、「みそぎ」「はらへ」の古俗の系統を引いたものである事は勿論であるけれども、著しく形式的になり、東西文部の行事の如き外來の儀式を取入れ、固有の儀式も外來の影響によつて、著しく變化してゐる事は一々說明するまでもない事である。從來國學者の間には、此の儀式を以て太古の神事を其の儘に傳へたものと見做し、又此の祝詞を以て、天孫降臨以來傳へられた、祓詞を本として成つたものであると見る傾向があるけれども、此の見解が妥當でない事は勿論である。國の大祓を行つた事は、仲哀天皇の朝に見えてゐるけれども、恒例の大祓の儀式は、大寶令に至つて始めて制定せられたのであるから、大祓の儀式が定まつたのも其の頃の事であり、從つて大祓の祝詞が成文となつたのも、其の前後であらうといふ事は、既に多くの學者が述べてゐる所である。

六月晦大祓

資料① 引用文献『祝詞新講』 次田潤著（明治書院）

導いてくださると、大祓祝詞に示されているのです。

「大麻と水」。これもまたこれからの地球を調和せしめるための重要なキーワードになってゆきそうです。

麻引きの作法をみてもわかるように、祓い清めの秘儀は「触れ合い」にあります。人の肌と、麻・大麻の肌たる精麻・麻糸との触れ合いです。

言靈をひもとき、麻・大麻をひもとき、皮膚をひもといてゆくことで、祓い清めの叡智のすごさが染みわたってゆきます。

コラム②　古の和歌にみる大麻の姿

古の和歌には、大麻という植物を分断していない様が、美しく詠まれております。
いくつかご紹介しましょう。

「思ふこと　皆つきねとて麻の葉を　切りにきりても祓へつるかな」
（後拾遺和歌集　和泉式部）

「麻の葉に　思ふ事をば撫でつけて　みな月はつる御祓をぞする」
（堀河百首　源師時）

「みそぎすと　しばし人なす麻のはも　思へばおなじかりそめの世を」
（夫木和歌抄　九夏　前中納言定家卿）

「みそぎする　川のふちせに引くあみを　おほぬさなりと人やみるらん」
（能宣朝臣集）
※大麻＝おほぬさ・おおぬさ

歌の意味を正確につかむことは難しいですが、少なくとも、日本における、古よりの大麻と禊祓いの関係性が、少しイメージできるのではないでしょうか。

能宣朝臣

皮膚が持つ高度な情報処理能力

私たちは肌と肌が触れ合うと、ほっとすると共に安心を感じます。

厚生労働省のワクチン推奨CMでは、「100万回のハグよりも、2回のはしかワクチンを。」などという、だいぶ行きすぎた言葉を連ね、ワクチン接種を過度に促すという愚行と肌の触れ合いを軽んじる愚行、そして人々を惑わす愚行をしているわけです。

特に親と子のスキンシップが大切であることは、もはや公知の事実となっています。

触れ合いによって、愛情ホルモンとも呼ばれているオキシトシンの分泌が高まることは、徳の高き医師や科学者の先生方によって、明らかにされているところです。


大麻の茎の皮でつくられている精麻は、まさに大麻の肌です。大麻の肌と人間の肌が触れ合うとどうなるか。


人間の皮膚は、中枢神経である脊髄や脳と同様に外胚葉で形成されます。

皮膚の機能に関しての研究は他の器官に比べて研究が進んでいない領域と言われていま

すが、実のところ皮膚には驚くべき情報処理能力が潜んでいる可能性が高いことが知られてきているのです。皮膚は脳と同じ受容体を持っているのであり、外界との環境適応に関する情報処理の多くは皮膚が行っているのです。

私たちは、よく「肌に合う・合わない」によって自分自身にとっての正邪を判断します。皮膚は、科学ではいまだ解明しきれない以心伝心の類(たぐい)たる機能の要を担っている可能性が高いのだと思います。

そんな皮膚と大麻の肌たるところの精麻との触れ合いが、古から伝わる祓い清めの本領的作法であることは、誰もが頷けるところなのではないでしょうか。

一つの仮説ですが、人の内因性カンナビノイドと類似の化合物であるTHCやCBDなどを多く持っている大麻と触れ合うことによって、皮膚は大麻の生命力の強さたる何某かを情報として受け取り、その情報が脊髄を通って脳内で処理され、カンナビノイドと神奈備(神々の鎮座する地)の意が共鳴を生じさせることで、人の悪味悪行悪癖・罪や穢れが取り除かれ、直靈(自分らしさ)が、正されてゆくのではないかと思うのです。

この仮説がどうかはともかく、日本の大麻が祓い清めの要として様々な穢れを清めてきたことは間違いようのない事実であり、理解しておくとよいでしょう。精麻に触れることの意義は、皮膚医学・科学や東洋医学の観点からも、いずれ明らかになってゆくものと思います。

大麻は意識を軽くする

なぜ私たちは大麻に惹かれるのでしょう。そもそも大麻は素晴らしい自然の素材ですが、講座に参加されたある女性がこんな風に言われました。

「私は精麻のネックレスを愛用しています。軽くてとても心地がいいのです。着けているとなんだか楽になるというか、軽くなる感じがして手放せないんです」

「軽い」。ここなんです。軽いというのは、秤にのせて計量すると、金属に比べて軽いというだけではありません。大麻は人の意識を軽くする働きを持っているのです。

だからこそ、神社の幣の先には大麻がくくられています。幣を振り、麻に触れる、なでる。そうすることで罪・穢れが麻に移る、ないしは消えていく。神道はそういう哲学をもって、その作法を今に至るまでずっと続けてきました。

私たちが社寺に惹かれる大きな理由は、「軽く」なりたい、「凶」を避けたい、「吉」を引き寄せたい……ざっくりと表現するなら、このようなことではないでしょうか。もちろん、中には「日頃無事に生かされている感謝の意」を伝えに行かれる方もいらっしゃるでしょう。先ほどもお伝えしましたが、言靈と大麻によって、これらすべてを操作することが可能です。

日々、大麻・精麻に触れ穢れを落としながら「気」を軽くすることで、過去の因縁を断てるのです。それを自身の代わりに行ってくださるのが、神職さんであり僧侶さんということになります。

日本の大麻には、本来、重たさやネガティブは存在しないのです。生まれてすぐに、大麻の布で赤ちゃんをくるんであげる伝統も、ここに由来します。生まれてはお宮参りで大麻に触れ、七五三でも大麻に触れ、結婚式でも大麻に触れる。すべては、禍のもととなる因縁事を消し、その人らしくまっすぐに生きていってほしいからでしょう。

私たちは、大麻にお世話になりながら、それを微塵（みじん）も知らない。無知を超えてその植物を軽蔑さえしてしまっているわけです。

皆さんの人生のどこかで大麻の「お陰」が働いていた可能性があるのです。

蓬麻中に生ずれば

儒教の始祖である孔子の弟子に荀子(じゅんし)がいます。荀子は、大麻の力をよく見極めていたのでしょう。蓬(よもぎ)と大麻を観察し、その真を捉えた言葉を残してくれました。

「蓬麻中(よもぎまちゅう)に生(しょう)ずれば扶(たす)けずして直(なお)し」

荀子

これは、短い文ですが、大麻の特異性をよく表しています。

皆さんも、蓬は見たことありますよね。枝が曲がりやすい植物ですが、そんな蓬であっても、麻と共にあれば、生命力が賦活されまっすぐに伸びてしまうという意味の言葉から、人は、育つ環境が善ければ、その感化を受けて自然と善人になるということを意味しています。

「扶けずして直し」。ここがまた肝（きも）です。

助けなくして、自からの気づきの中で直くなってゆくということであって、これは、誰しもが望むところではないでしょうか。

私は、幾度となく精麻を題材にしたワークショップや講座を行ってきました。

時々、ふさぎ込みがちな方で元気のない方が参加されるときがあります。大概が猫背気味な場合が多く、声も小さく覇気もなくひっそりとした雰囲気で前半の時間を過ごしますが、精麻に触れていくうち、後半になりますとだんだんと背筋がまっすぐになり始め声も大きくなり、帰りには堂々たる振る舞いで「なんだか、清々しくなりました」などと言葉を残して帰ってゆきます。

こういった反応はまったく珍しいことではありません。この反応こそが、「蓬麻中に生ずれば扶けずして直し」なのであり、蓬の部分を人に置き換えることができるのです。

逆もまた然り（しか）です。

現代、さらにコロナ禍以降は、TVやネット環境のみならず、社会全体がネガティブな環境と背中合わせです。

まさに、紙一重でありますが、しかしこれは神一重とも表現できます。禍をすべて転じて福へと変化させられるかどうか。祓いの本領ここにありです。一人ひとりの内に宿る「あなたらしさ・自分らしさ」へとアクセスする起点として日本の大麻・精麻がそれを誘ってくれます。まずは、愚痴や邪気で人を巻き込み、自分自身や周囲の環境を重たくしないように生きたいものですね。

・祓いを体感した受講生のことば

私は大麻飾り職人養成講座を開催していますが、受講最年少の少年が上級講座を終えた際に言ったひとことは、まことに麻の本領、祓いの本領を言い当てていました。

「麻に触れていると、
自分のフィールドがわかってくる。

そして、自分自身が何を欲していて、
何を欲していないかがわかってくる。
今日このことを体感と共に理解できたことが、
本当によかった」

そう伝えてくれたのです。彼より、何歳も年を重ねている講師陣も、一緒に受講した皆さんも、本当に嬉しく、そして、正直驚きました。彼の感性は、まさに、「祓い」を奥底まで見通し、その意義を的確に表現してみせたのです。自らの感性を信じることができたからこその言葉だと思いました。

私たちは本当はどうなりたいのか。おカネ持ちになりたいんだろうか。いや、何か違う。健康であればいいのか。いや、それだけじゃない。もっとすがすがしく、喜びを持って自分の本当になしたいことを創造し、繋がりたいと思う人たちと繋がっていきたい。
本当はかつてのように麻がそこらじゅうにあったらいい。麻の中で、あらゆる微生物が活性化して、あらゆる作物が適切な大きさに育つ。私たちもエネルギーがグーッと高まっていく。軽くなっていく。何かネガティブな出来事があったら、祓って水に流せばいい。因縁が消えて、次の日の朝、私たちは元気な状態で活動することができるわけです。

祓いとは「生かす道」

人類の歩んできた歴史を振り返ると、我々は鋼（はがね）を用い、戦争によって文明をつくり上げてきました。この痛みは否定できませんし、否定してはならない。戦争と共にここまで来たという事実を全肯定するという話ではなくて、直視しなければなりません。その視座を持つことが、より深く穢れを祓うということに通じるのです。

祓いというのは、何かをぶった切って、閉じ込めて、抑えつけて抑圧して、殺してという道ではありません。生かす道です。「祓いたまえ、清めたまえ」と唱えて穢れを祓うと、穢れが麻に移るかどうかはさておき、何か変化が起こることは間違いない。私自身、何千人と共に祓いを見てきましたけれども、確かに変化するのです。

すべての穢れを転換していくというのは、日本人ならではのすごく大事な考え方です。

「はらい」は、「祓い」と書きますが、「解除」とも書きます。「解除」と書いて「はらい」と読む。理解すること、解くことで変化していく。これも祓いなんです。

もう一つ、「払い」も一緒です。

厄介ごとをなしてしまった罪滅ぼしのため、贖罪（しょくざい）としての「払い」をさせる制度が日本でも大昔にありました。現代でいう当たり屋のような因縁付け屋が悪用し始め、制度はなくなりましたが、今でもその名残として罰金刑や反則金を「払う」というわけです。

「祓う」「解除」「払う」の意義は、バイアスの解除、バランスの保持であり、事象の帳尻を合わせてくれる法なのです。

大麻を介在させて「水に流す」威力

神道の作法では、祓った後、祓い具の麻を水に流します。穢れは、麻と共に川に流してきました。この麻と共に、というところが重要なんです。

日々の穢れとは、空間の埃（ほこり）や塵（ちり）に似ています。部屋を掃除するように、人間の身体、心、意識体にも日々、埃や塵がつくのです。これらが積もり積もることで罪が生じやすくなり、心身の機能・パフォーマンスは低下するのです。

日々の穢れは、入浴でも禊祓(みそぎ)うことができますが、入浴で禊祓いきれない穢れもあります。

こういった強い穢れは「大麻で祓い、水に流す」。

霊的な障(さわ)りも、大麻が消してくれていました。祓いきれないものを祓い切る力、因縁を生み出さない断つ力。大麻を介在させて水に流すことの威力を先人方々は、理解されていたのです。

・水に流れず因縁が溜まった現代人

「水に流す」、この言葉、いいですよね。「水に流す」とは、麻と共に穢れや因縁を川・水に流し祓い清めるところから派生した言葉です。生きている中で、この言葉を時々使います。ビジネスでも使うし、家族の中でも使うし、恋人との関係性でも使います。

でも、「本当に水に流れましたか」と問いたい。

祓い清めるということ、水に流すということを本当にやっていったら、心の中がすっきりします。ところが今は大麻を介在させずに水に流そうとするから、祓いきれずに因縁がどんどん溜まっていく。

穢れがそのまま体と心と意識に残っている状態なんです。

私たちの身体のバランスをとっているのが、自律神経です。「自律神経」、自ら律する神の道です。こう言うとすごい言靈ですよね。

交感神経と副交感神経があることはもちろん皆さん聞いたことがあると思います。病気のほとんどは自律神経の失調から始まることが多い。自ら律する神の道が整っていない。なぜ？　心が争ったままになっているから。自分の中で、ないしは自分と誰かとの間で穢れを、因縁を流せていないからです。

自ら律する神の道が整わないと、身の回りで生じる出来事（事象）にも乱れは生じてきますし、ますます「流す力」は低下し、穢れが積み重なるわけです。なんとか、日々を乗り越えるために交感神経がフルに働きだしますがこれは、車で言えばアクセルをふかし続けるようなもの。神経のオーバーヒートによって、肩や首はおろか全身の筋肉は凝り脈は速くなり、イライラも募ります。情緒も乱れますから、人間関係にも飛び火するということは、容易に想像がつきますよね。

穢れは穢れを引き寄せますから、穢れの結び・産靈によって、また「疲れる・憑かれる」現象を引き起こしてしまう。こんなループが、あちこちで生じているのです。

皆さんも、うすうす気づいているのでは？

大麻でそれを祓い、速やかに流すことができたら「疲れ・憑かれ」の経験・体験はすべて「生きる知恵」へと反転させ展開させてゆくことができるのです。

大麻を用いて流すことができたなら、どれだけのコリがとれてゆくでしょうか。

大麻の聖地とも言える、徳島県にある剣山の麓には「コリトリ」という場所があります。

コリトリとは、垢離（穢れ）を取り去る意味で心身を清浄にすること。

コリとは、「凝り」であり「懲り懲り」の意なのです。凝りとは滞りであり、血流不全からの酸素不足と乳酸の蓄積です。凝りは長く続けば、痛みを発してきます。

・女神の力・女性性が出現するとき

皆さんは、様々な疲れの原因を本当に水に流せていますか？

対立や葛藤から生まれる何かしらの気持ちが体の負担、ストレスになっていませんか。

副交感神経（免疫系）の働き、即ち自身の中にある女性性・女神性は顕れてきていますか。女性性・女神性、それは陰の力であり水の力。

体内の水も、地球の水もひどく汚されようとしています。

水を汚し続ける所業は、男性性の極まった状態を意味するのであり、物質一辺倒の文明の終焉（しゅうえん）を意味します。物質主義の象徴は原子力。３・11で十分理解したはずですが、いまだ再稼働や新設を唱えている人たちがいるでしょう。すべて穢れが極まった男性性の古い思考パターンです。

経済優先の思考と価値観を祓い清め、新しい時代への幕開きを準備してゆく必要があります。

祓い清めとは、踏み外した道・禍（曲・魔我）道を速やかに直き道へと引き戻す哲学であり顕現の力です。

「自分らしい」と出会うために「自分らしくない」と出会ってゆく。

大麻の祓いとはその展開を加速させるための叡智なのです。

特別寄稿①

祓いと東洋医学

辻本友樹さん

精麻を用いた技法を施術やリハビリテーションに取り入れ、日々実践している。
社会福祉士、理学療法士、はり師、きゅう師
つじもと鍼灸院　院長
合同会社アスリー代表
一社）日本燦々
大麻飾り職人養成講座認定講師、大麻祓い清め術講座認定代表講師

現在私は、鍼灸院での施術やリハビリテーションの現場などで、精麻を用いた技法や祓い清めを取り入れ、日々、患者さんに起こる変化を目の当たりにしています。

私は、理学療法士として病院で勤める中で現代医学の長所と短所を知り、働きながら東洋医学を学び2010年に独立、自身の鍼灸院を開業しました。その後も東洋医学を深めていく過程で伝統医学の長所と短所を知り、科学と伝統を状況によってバランスよく併用することが大切であると感じ、実践しています。

私が精麻の祓い清めと出会ったのは、大麻飾り職人養成講座を受講した2017年のことです。精麻を施術やリハビリテーションに役立てることができるのではないか？　とい

う私の問いに、本間先生は「大麻による祓い清めと東洋医学的なアプローチは相通じるものがあり、相性が良いと思います」と言われました。この言葉が私を大いに勇気づけてくれました。

また、大麻飾りを製作する過程で、精麻に触れ、結び続けることで、私自身が素直になり、落ち着くべきところに落ち着くという心地良い状態に導かれていきました。

大麻の祓いが人に及ぼす作用について、体感をもって経験し理解を深めたことで、祓いの重要性を私自身も確信することになりました。

東洋医学は、臓腑経絡における気（血・津液も含む）のバランスの崩れ（陰陽の過不足、停滞など）を調整することで、生命の自然治癒力をあるべき元の状態に戻すことを目的とします。気とは全宇宙のすべてを構成するエネルギーであり、人間も気から構成されていると考えられています。

鍼や灸、按摩マッサージなどの手技、食養生、漢方薬などを用いて、各臓腑に通じる経絡やツボを適度に刺激し、「心身に気が足りなければ補う補法」、「気が余分にあれば外に流す瀉法」を使い分けることで、気のバランスや流れを調整するのが一般的です。

施術を受けて「気持ち良い」、「心身が軽やかになる」、「スッキリする」のは気が調整されたからですが、施術を受けて症状が悪化することもあります。それは、気が足りているのに補法を行ったり、気が足りていないのに瀉法を行ってしまった場合です。

専門家でもこの判断を誤ることがありますが、物質や情報が良くも悪くも溢れる現在では、食事をはじめあらゆる生活面で過剰に補う、或いは、補っているつもりが過剰な瀉法になっていることで気のバランスを崩している人が多いように感じます。

私は、本間先生が創始された精麻を特殊な技法で身体に添わし、祓い清め産靈（むすひ）の作用を以て、心身の機能増進を目的とする大麻祓いセラピーを応用し、経絡やツボを精麻で摩（さす）る、添わせる、貼るといった技法を単独もしくは鍼灸やリハビリテーションなど他の治療法と併用して行っています。

気が巡る経絡をはじめ、全身を精麻でクレンジングするような意識で施術すると、元気な状態に心身が導かれはじめます。身体的にはパフォーマンスの向上であり、心理的には平常な状態となり、落ち着き、判断力が高まり、気づきが生まれやすくなります。高齢者へのリハビリテーション、特に認知症のリハビリテーションでも、驚くような経験をして

辻本氏が実践している精麻を使った取り組み例

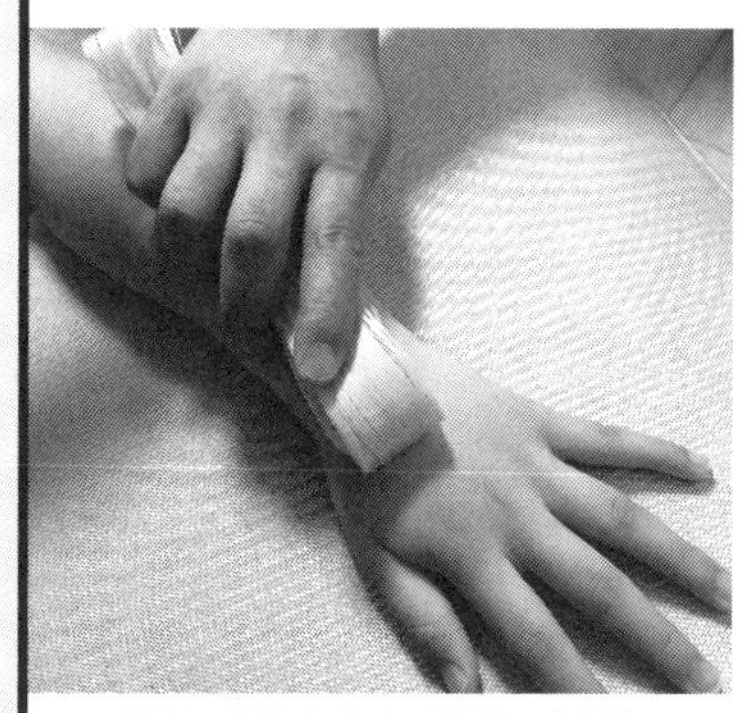

精麻で経絡を摩る（左手三陽経）

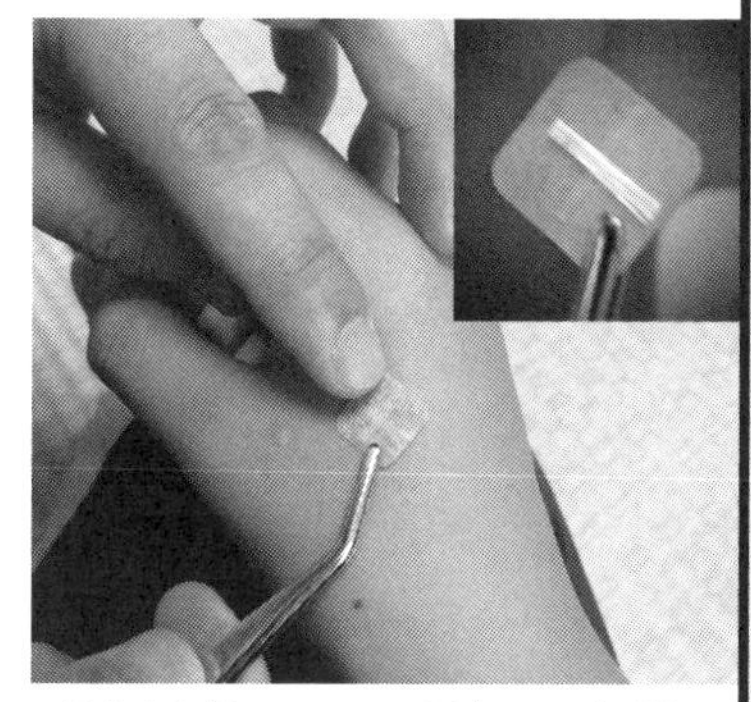

精麻を和紙のシールで固定しツボに貼る

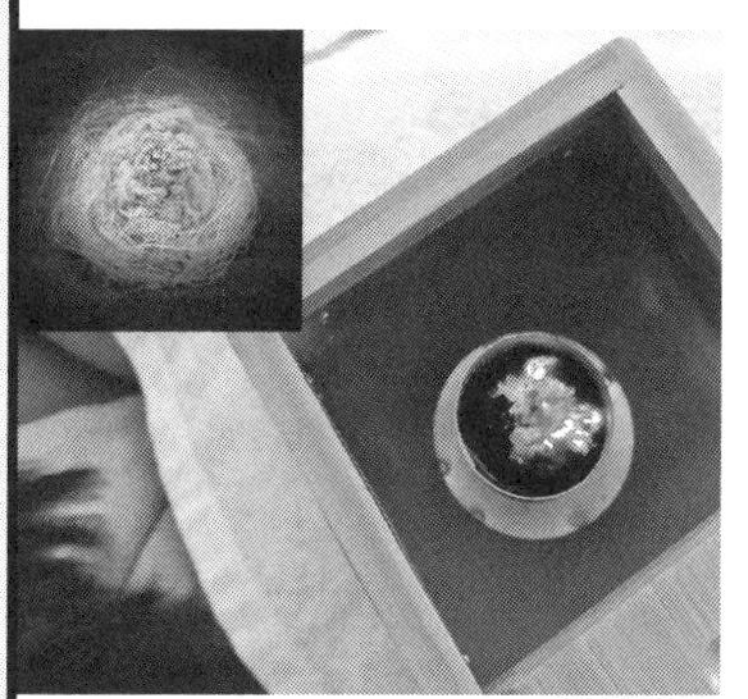

精麻でモグサ（蓬）を包んだ「蓬麻灸（ほうまきゅう）」

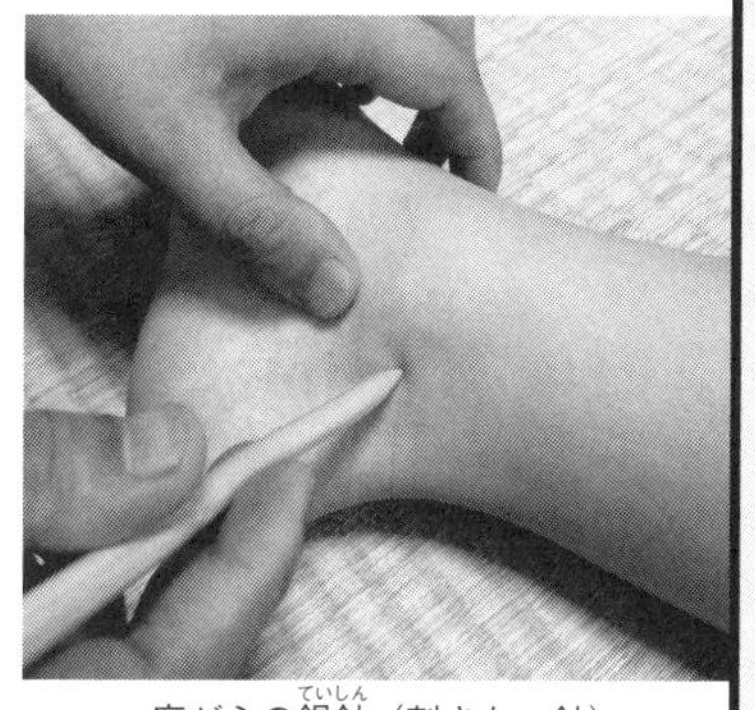

麻がらの鍉針（ていしん）（刺さない針）
（写真は少陰腎経の太谿を刺激）

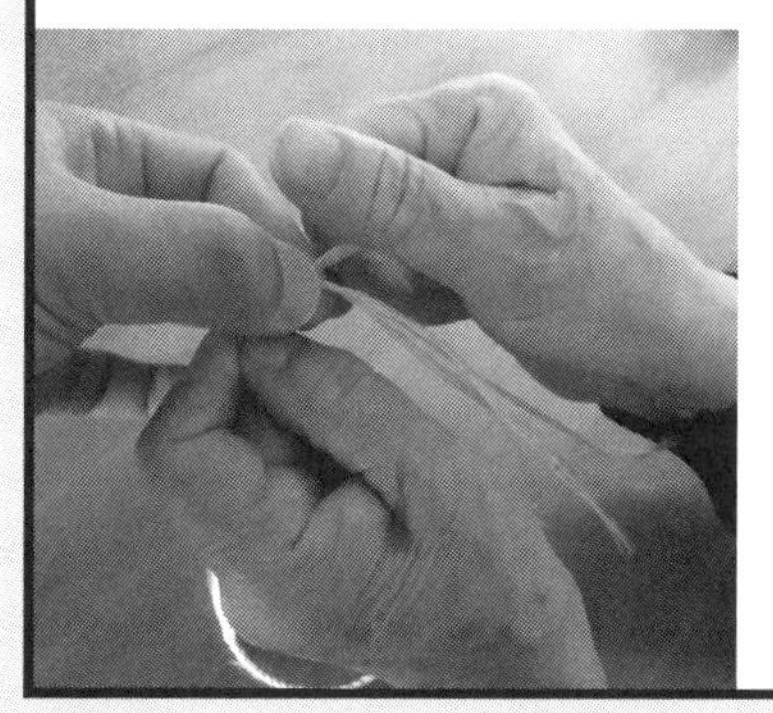

認知症の患者さんと精麻結びのリハビリ

家族や専門職と意思の疎通が困難な重度の認知症患者さんと、精麻結びをリハビリの一部として始めました。回を重ねるごとに私とは意思の疎通が見事にできるようになりました。表情と発語がとても豊かになり、ご家族が大変驚かれた事例があります。認知症リハビリの現場では、様々な変化を目の当たりにしています。

います。

また、施術の前に行うことで施術の効果を高めることに繫がります。祓い清めは、東洋医学のように補法と瀉法を使い分ける必要がありませんのでどなたでも安全に使えます。老若男女問わず肌で感じてください。専門家であるなしに関わらず、大麻の祓い清めを健康管理に生かすと共に、大麻という植物について共に学んでいけると嬉しいです。

あなたや大切な人が自分らしく生きるための大きな力になると信じています。

令和3年6月6日

第4章

大麻と言靈
～『荒の言靈図』から『麻の言靈図』へ

五大に皆響き有り

この章では、「言靈学(げんれいがく)」の見地から、古来より伝わる「麻―あさ」の叡智に迫りたいと思います。大麻を物質レベルを超えた『音靈』『言靈』の見地から見ていくと非常に興味深いことがわかってきます。

さて、私が言靈「あさ」の二文字について深く入り込めた理由について少しだけ触れておきたいと思います。

一つめの教えは密教・空海の教えです。松宮大阿闍梨より真言・マントラの秘密を何度も伝えられたことが心に刻まれています。

すなわち、それは「五大に皆響き有り」の教えで「声字即実相(しょうじそくじつそう)」の教えでした。

また後に私は、言靈学の第一人者であり伯家神道の継承者、七沢賢治先生と出会います。当時居住していた仙台より甲府に移住し一年程でしょうか、七沢家に出入りをさせていただき、ご指導いただきました。そして来る別れの際に、私は、七沢先生のお師匠さんである小笠原孝次氏の古くも大変貴重な書を頂戴したのです。

その後、約十年にわたり小笠原氏や先師、山腰明將（あきまさ）氏（※1）の他の書も国会図書館などで目を通し、また、手に入る書は手に入れ、甲府での学びと空海の教えを統合し深めていきました。

空海の教えと言靈学の教えには、主客合一（しゅかくごういつ）を図る点や、声字を以て宇宙に実相を開いていく点、またさらに言えば、音の智によって世界が現象し、またそれを自らが把握して物事を整理認識していることなど、多くの接点が存します。

言靈学に関し、私はまだまだ浅学（せんがく）ではありますが、「あさ」の声字に関してだけは深くひもとき、またその実相を観てきました。その音の奥に、そう名付けられた意図を日々洞察し続けてきたわけです。

少し難解な部分もありますが非常に興味深い世界です。この宇宙を創る音の世界、意識以前の設計図ともいえる言靈曼荼羅（げんれいまんだら）までひもとき、日本神話『天の岩戸開き』や大祓祝詞、ひふみ祝詞が今このときに伝える予言メッセージを詳（つまび）らかにしていきましょう。

※1　小笠原孝次氏の師である山腰明將氏は、父であり明治天皇・皇后付きの書道家・山腰弘道氏より言靈学を引き継いでいたことが知られている。また、山腰明將氏はGHQのジープにはねられ亡くなっているが、同時刻に自宅も火災に見舞われており、言靈学資料は消失している。

天の岩戸伝説

澄み渡った高い空の上に、高天原という神々のお住まいになっているところがありました。

そこには天照大御神（あまてらすおおみかみ）さまという偉い神さまがいらっしゃいました。

その弟に須佐之男命（すさのおのみこと）という力自慢で、いたずら好きな神さまがいました。

ある時、大御神さまが機（はた）を織っておられると、須佐之男命は大御神さまを驚かそうと、そっと御殿に忍びより、天井からドサッと馬を投げ入れました。

これには日頃やさしい大御神さまも、さすがにお怒りになられ、天の岩戸という岩屋に隠れてしまわれました。

さぁ大変です。世の中はもう真っ暗闇です。困りはてた神さまたちは、天安（あめのやす）の河原（かわら）に集まり相談をしました。

そこで思兼神（おもいかねのかみ）という賢い神さまが一計を案じるのでした。

すでに準備ができると、まずニワトリを一羽鳴かせました。

そして天宇受売命（あめのうずめのみこと）という踊りのうまい神さまは、オケの上でトントンと拍子をとりながら踊りだしました。

神さまたちは手をたたいたり、笑ったり、しまいには歌をうたい始めました。

外が余りにもにぎやかなので、大御神さまは不思議に思われ、岩戸を少し開いてみました。

その時です。

力の強い天手力男神（あめのたぢからおのかみ）は、力いっぱい岩戸を開きました。真っ暗だった世の中もみるまに明るくなり、神さまたちも大喜びです。

高天原にもまた平和がもどってきました。

――（神社本庁HPより）

「天照大神」伊藤龍涯作（神宮徴古館収蔵）

天の岩戸開きの神話が伝えるメッセージ

『大麻』と『言霊』については、有名な日本神話『天の岩戸開き』にも示されています。この神話が伝えていることは、これからの時代、精神性を高め生きる上で意識しておいた方がいいと思います。

神話の舞台は、神々が住まう高天原（たかまはら）です。内容は、岩戸の中に天照大御神（あまてらすおおみかみ）が隠れ、どうやって出そうかというときに、八百万の神様が大はしゃぎをした。猿田毘古（さるたひこ）の奥様の天宇受売命（あめのうずめのみこと）という女性の神様が舞いを披露していたのですが、女性性をあらわにして、乳房をはだけ出して、それでもなお舞ったので、みんなが嬉しそうに笑って喜んでいる。気になった天照大御神が岩戸から顔を出したというものです。

この辺は皆さんも割と知っているんですが、大事なのはそれ以前の話です。天太玉命（あめのふとたまのみこと）という神様がいます。徳島県に端を発している大麻の神様であると言われています。

もう一人、言霊をつかさどっている天児屋命（あめのこやねのみこと）という神様がいます。

この二柱の神様が力を合わせて、【言靈の力】、【麻の力】で場を整えた。場を整えたから、ひもろぎ（神籬）の力で天宇受売命が舞うことができたんです。舞台が整っていなかったら、天宇受売命も舞えなかったのではないかと思います。場を整えて、女性がまさに女性性で場をさらに盛り上げた。男だったらたぶん盛り上がっていないでしょうね。美しいから盛り上がって、八百万の神が大笑い（＝大祓い）でやんやの喝采が送られた。その中で天手力男神（あめのたぢからおのかみ）が男のパワーを発揮して岩戸を投げ飛ばし、無事に天照大御神が出てきたわけです。

今はまさに時代がシフトするときです。言靈（心）を大事に、大麻の本領を大事にするときであることを、天の岩戸開きの神話が示唆してくれています。

「あさ」の音靈

「あさ」という言靈は実のところただならぬ言靈なのです。
言靈学の権威だった小笠原孝次氏の資料をひもといていくと、そこには、「あさ」の意義であり、言靈の奥に存する「あさ」の意味が、記されています。

小笠原氏は、「あさ（麻）」という言靈は「三種の神器・八咫鏡（やたのかがみ）の言靈配列である」と言い切っています。

私は、様々な経験の中でその意味を瞬時に理解しました。

例えば「あさにわ（朝庭）」や「あさまつりごと（朝政）」は、天皇ならびに政治をつかさどる百官等が政務政務そのもののことをも意味する言葉です。「あさにわ」を行う場所を示す言葉であって、の「あさ」は、麻＝朝なのです。

八咫鏡（イメージ）
写真は、「大型内行花文鏡」

詳細は後述しますが、政治とは本来様々を厳密に判断し、決断を下す力が必要な行いです。政治が八咫鏡にのっとっているかどうか、高天原の文明公理にのっとっているかを見極めなければならない。思考に曇りがあっては、本来なすことのできない役職ということができるでしょう。

麻は、すがすがしさの代名詞であり、神々の依り代です。

日本人が浄明正直（じょうめいしょうじき）を重んじてきた背景には麻があり、そして三種神器・八咫鏡の精神性があるからと断言してよいでしょう。

つまり、「あさ」という音は、祓い清めて、すがすがしい状態で物事を判断するということです。そして、鏡のように、自分自身を確認していく、自分を省みる、自分を知る。祓うためにはまず知らなければいけません。

今、世界では何が起きているのか。日本では、この地域では、自分の家の中では何が起きているのか。こういうふうにどんどん狭めていく、ないしは逆にどんどん広げていく、ミクロとマクロを見る視点の自由自在な収縮性はあるか。感覚が研ぎ澄まされているか。鈍っているのを鈍麻と言いますが、麻が鈍っていないか。判断力が鈍っていないか。不幸せな状態で、何かしようとアクションを起こせないところまでエネルギーの低下が起きていないか、といった自覚が必要です。

自らの中にある、物事を判断する力、審神者（※2）の力を信頼していますか？

自らの内側にあさにわをつくり、曇りなき清浄さを醸してゆくとき、一人ひとりの内なる審神者は力を増してゆけます。自らが政を行うがごとく社会の出来事に責任を持とうとするとき、いよいよ社会構造を変化させてゆくことができるのです。

※２　審神者とは、神事において神の託宣を受けそれを分析する役職。物事の真偽を判断力する者。「あさにわ」から転じて生じた言葉。

大祓祝詞は古代からの予言メッセージ

・大祓祝詞は摩訶不思議な祝詞

「あさ」という言葉の響きは、わずか二文字・二音にして意味深な言葉です。

この音が表に日本から顕れでるということ。それは、この地球上において争いの世界を終焉させる狼煙（のろし）のようなものです。

このことは、単に私が個人的なひらめきだけで語っているのではなくて、全国の神社で大事に奏上されている「大祓祝詞」に暗に示されているのです。

この祝詞は、大祓詞（おおはらえのことば）として多くの神社でリーフレットをお配りしていたりしますから、馴染みのある方、聞いたことのある方はたくさんいらっしゃるかもしれません（P242参照）。

この祝詞、実は作者不詳の摩訶不思議な祝詞なのです。

作者不詳で明確な意図が残されていない以上、文を読みその意図をくみ取り分析し、その音の重なりによって、どのような波が空間に顕れているのかを読み解く必要があります。

とは言いましても、多くの先達・先生方が努力に努力を重ね解釈してくださった内容を活かさせていただきつつ、本書では特に言靈という角度から意味を捉え、麻の意義がたなびく大祓詞の眼目たる次の一説をひもといてみたいと思います。

大祓詞

（前略）
天つ金木を本打ち切り　末打ち断ちて　千座の置座に　置き足らはして
天つ菅麻を本刈り断ち　末刈り切りて　八針に取り辟きて
天つ祝詞の太祝詞事を宣れ

まず、大祓詞の全体的な構図を大まかにお伝えしますと、このような感じです。

「荒振神等（男性性）、天津金木（物質文明）が高まっていって、罪・穢れがいよいよあふれてくるだろう。天津金木と天津菅麻（原始的な文明）の両方を麻の呪術をもって根本から断ち切れ」。そして、切った後は、「天津太祝詞に置きかえましょう」。「置きかえたならばこうなりますよ」ということが書いてある。そういうストーリー性のある言葉が大祓祝詞であり、毎日神社で奏上されているのです。

では、詳しくみていきましょう。

・天つ金木を本打ち切り

『コトタマによる大祓祝詞解義』（小笠原孝次著　山雅房）によれば、「天津金木」とは物質文明を表し、その実態は「我良し」の心であり自利優先の精神性によって競争心を方便とするもので、現在の世界情勢はこの天津金木のなせる業であるとのこと。

「本打ち切り」とはつまり、「根元から変えろ」ということです。

・天つ菅麻を本刈り断ち

また、「天津菅麻」とは、未文明たる無垢な様を表すということ。

元来大自然には善もなければ悪もなく美も醜もなく、弱肉強食たる食物連鎖にもジャッジメントがない世界だが、これは文明が顕れていない大自然界の営みの様であり、これが天津菅麻の全容であるとのこと。

未文明たるところに恋こがれることでもなく、過去に戻ろうとする動きも根本から「断つ」こと。

・八針に取り辟きて

「八針に取り辟きて」とあるのは、麻を割く祓い清めの呪術であることが多くの文献で示されているところですが、実のところとして「八」という数字が示すところに、大きなメッセージが秘されているのです。

「あさ」の言靈の威力を知るヒントを得るためには、字面をそのまま解釈してゆく側面と、言葉の奥であり、比喩を読み解く洞察もまた必要となってきます。

・天津祝詞の太祝詞事を宣れ

ここで大事なポイントは、「宣れ」なのです。

この言葉は命令に近い表現として存在しています。

改めて、何を「宣れ」と言っているのでしょうか。
そう、「天津祝詞の太祝詞を宣れ」と、作者である何者かが私たちに指示を出しているのです。祝詞は本来宣命ですから、仏教的に仏さんに供したり、拝むための言葉ではありません。人々に聴かせるための言葉です。

さて、「天津祝詞の太祝詞事」とは何なのか？
これには、いくつかの言説が存在していますが、様々な文献をひもといた結果、私の答えは、「あさ」にあることと確信しています。

即ち、

3000年〜40000年来の計画であったところの
地球上に物質文明を構築する古き計画は、
荒ぶる（争ぶる）力とその精神性によって打ち立てられるときが来るだろうが、
そのとき、地球や人々はその代償として様々な穢れを被るだろう。

きたるべき時には、荒ぶる争い（男性性）の基たる精神性や慣習を本末から打ち切り、
かといって、未文明な幼子のごとき無垢であり原始的な精神性も刈り切り、
物質性と精神性を結び、
物心表裏一体の調和的な文明を開くべし。
八咫鏡の法則を基に真たる釣り合い（まつり）を以て
高天原の計画を実行せよ。

「切る」や「断つ」は、まさに祓い清めの力であり、また、結びは産靈（むすひ）であり、これもまた、麻の力なのです。
以上が大祓祝詞の眼目であろうと思います。

「荒の言靈図」から「麻の言靈図」への大転換が起こる

・大祓祝詞にみる人類を導く二つの「言靈曼荼羅」

そしてここまでをさらに深く読みといていくことができます。

この大祓祝詞に出てくる「天津金木」「天津太祝詞」という言葉の裏には、人類を導く二つの異なった言靈曼荼羅が隠されているのです。

私たちの心はすべて、言靈五十音一つひとつの結びつきによって出来上がっています。

ふだん、思いもしなかったことと思いますが、心とは、この一音一音の結びつき、それ以上に分析することはできません。

精神性というのは五十音の外に飛び出すことができないのです。

外在に、分子・原子・電子・原子核さらには陽子や中性子が存在するがごとく、内在の究極は「言葉」であり、ここには普遍性が存します。

私たちが、学校で習ってきた「あいうえお」「あかさたなはまやらわ」。

この五十音は、「天津金木五十音図」と呼ばれており、別名「荒・争」の五十音図と呼ばれています。

また、五十音図は他にもありますが、ここではもう一つ「あさ」の響きに関係する五十音図で、「天津太祝詞五十音図」を紹介しておきたいと思います。

天津太祝詞五十音図は、別名をなんと「麻の言靈図」と呼ばれており、母音を「あいえ

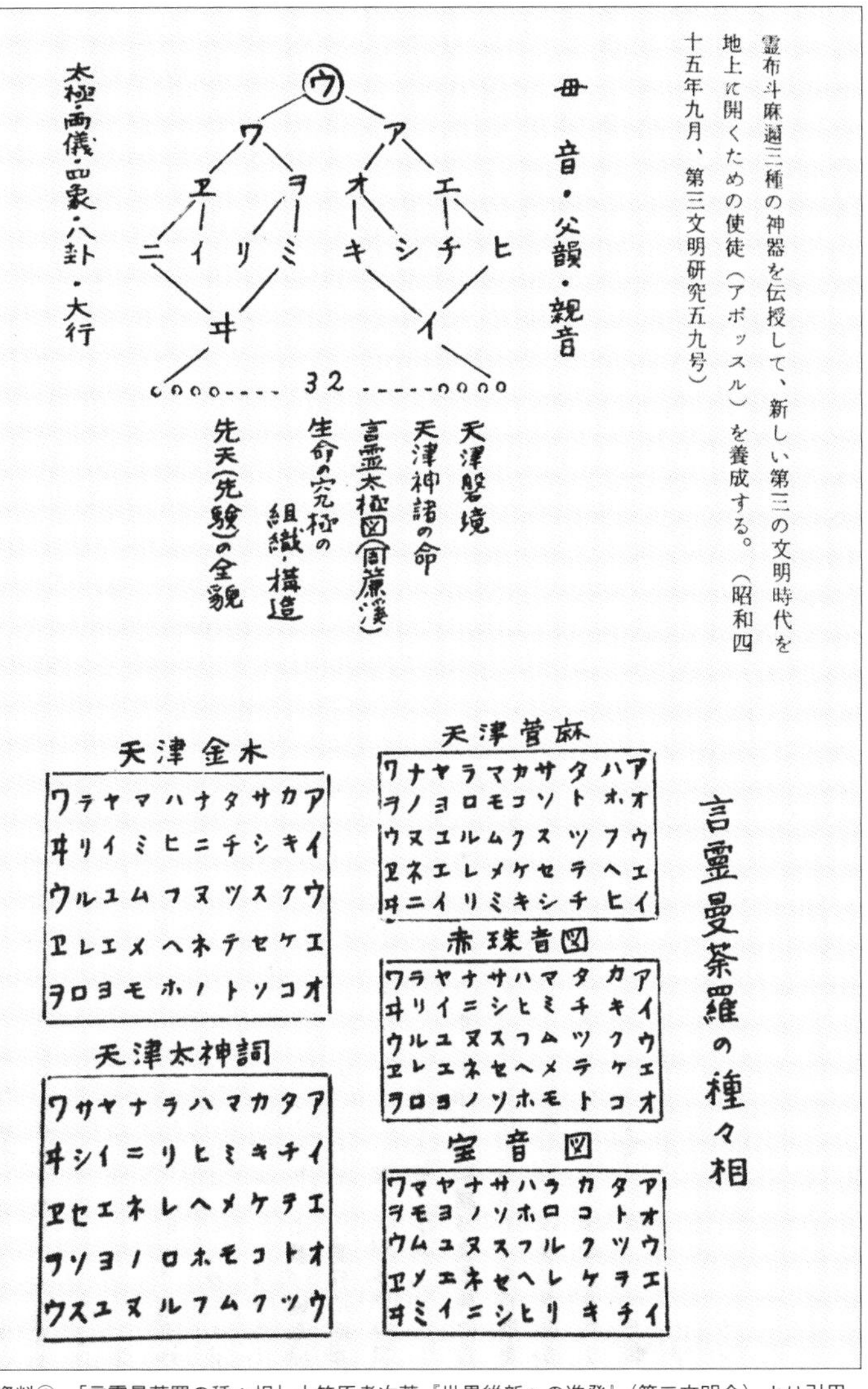

資料②　「言靈曼荼羅の種々相」小笠原孝次著『世界維新への進発』（第三文明会）より引用

ワ	ラ	ヤ	マ	ハ	ナ	タ	サ	カ	ア
ヰ	リ	イ	ミ	ヒ	ニ	チ	シ	キ	イ
ウ	ル	ユ	ム	フ	ヌ	ツ	ス	ク	ウ
ヱ	レ	エ	メ	ヘ	ネ	テ	セ	ケ	エ
ヲ	ロ	ヨ	モ	ホ	ノ	ト	ソ	コ	オ

図4：天津金木五十音図（荒の言靈図）

おう」父音を「あたかまはらなさやわ」と並びを変えます。

先ほど、大祓詞の最も大事な眼目たる部分の訳を記載したわけですが、その精神性のバックボーンとして、この五十音の配置であり響きが関与しているのです。

では、詳しくみていきましょう。

・天津金木五十音図＝荒の言靈図

母音を「あいうえお」父音「あかさたなはまやらわ」とする言霊図です（図4）。

「あ」「わ」この言葉は、天地・陽陰を意味します。

「火・あ」と「水・わ」とも言えます。

「わ」の前に「ら」行が入り「荒」となる。

「荒」は火であり陽の力、即ち男性性による競争原理の精神性で、それの繰り返しを意味します。「荒の言靈図」は、男性性の繰り返しとして作用しますから、世界は争いを繰り返

ワ	(サ)	ヤ	ナ	ラ	ハ	マ	カ	タ	(ア)
ヰ	シ	イ	ニ	リ	ヒ	ミ	キ	チ	イ
ヱ	セ	エ	ネ	レ	ヘ	メ	ケ	テ	エ
ヲ	ソ	ヨ	ノ	ロ	ホ	モ	コ	ト	オ
ウ	ス	ユ	ヌ	ル	フ	ム	ク	ツ	ウ

図5：天津太神詞五十音図（麻の言靈図）

します。

過去そして現在、世界は争いの極みと表して差し支えないでしょうし、その偏った精神性では、文明の落としどころを見つけることができず、永遠に争い続けヘトヘトになってしまうのが落ちであり、そうなった場合地球は存続できているのかさえ危ぶまれます。

「荒」一辺倒では、生命をイキイキと継続させることはできないのですが、一方ではその精神性を以て、物質文明を世界に打ち立てたのです。

・天津太祝詞五十音図＝麻の言靈図

そして、大事なのが「麻の言靈図」です（図5）。

母音を「あいえおう」父音を「あたかまはらなやさわ」とする言靈図です。

再び記しますが「あさ」とは、八咫鏡を示す言の葉。

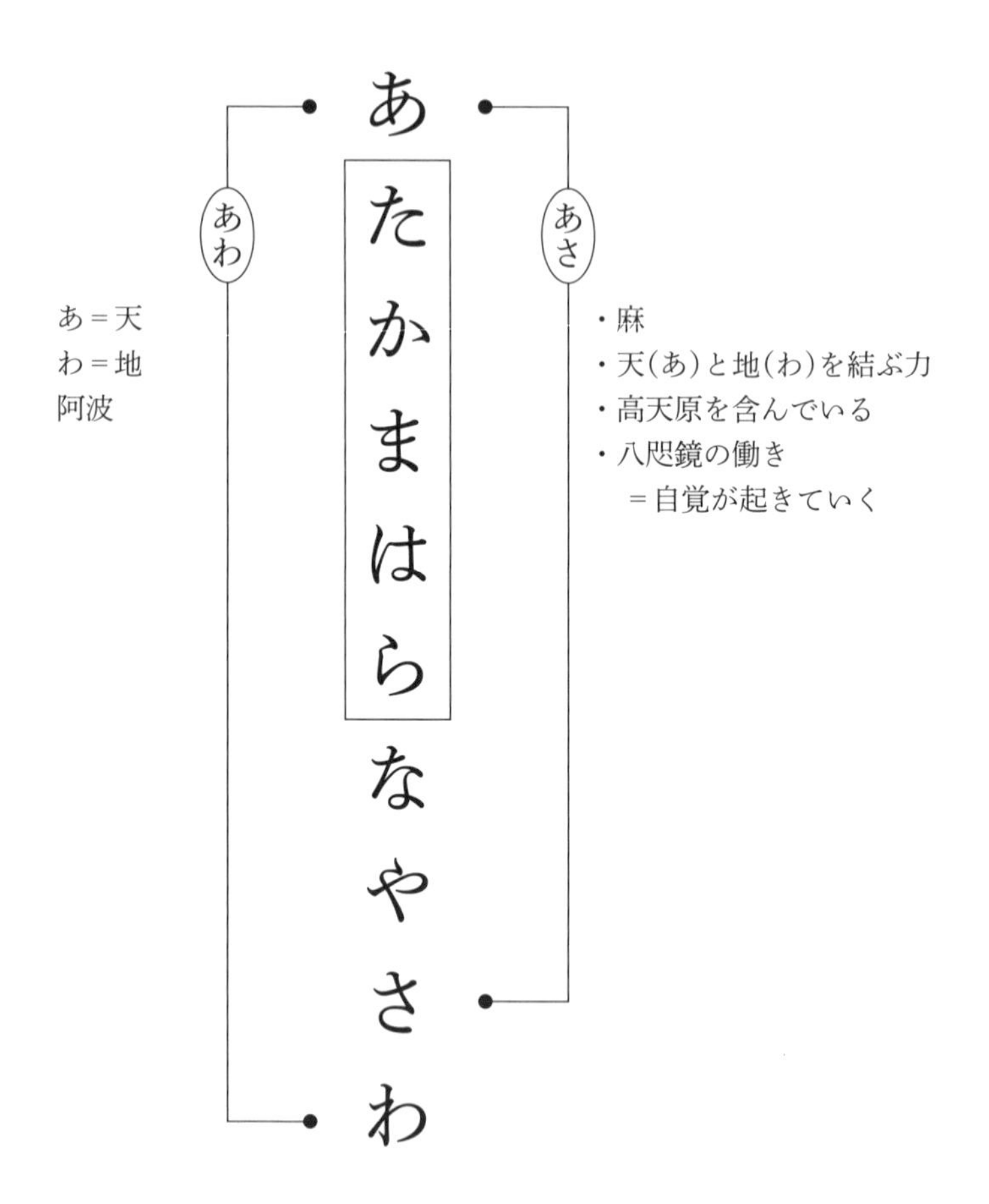

図６：天津太祝詞言靈図にみる「あさ」の言靈

即ち、「あたかまはらなやさ」＋「わ」、先人たちが残してくれた、珠玉の「コトタマ」であり天地を結ぶ母音父音の配置です。

麻の音によって、一音一音は清浄となり、一音一音が結ばれてゆく。

徳島県のことを阿波と言います。天皇家、大麻と関係があるから、天地を繋ぐ、真釣り合わせるということで「あわ」なのです。

日本の「麻を開く」真意と大麻取締法出現の謎

「あたかまはらなやさわ」に漢字を当てると、さらにその意味と意図がわかりやすくなるかもしれないですね。

「吾高天原成弥栄和・あたかまはらなやさわ」

聖徳太子が残した言葉に「和を以て貴しとなす」がありますが、この言葉の真意は、まさに「麻の言靈図」に凝縮しているわけです。

「麻を用い祓い清めて高天原を出現させ和を結べ」となるはずです。

高天原とは、「神々が住まう調和している場所」のことであり、つまり「内在神がおわす場所」と理解すればいいでしょう。

麻の言靈図・あ〜さの配置は、地の力であり女性性でもある「わ＝和」を捉えつくすことができるのです。これは主体と客体を結ぶ精神性とも言え、「I AM THAT I AM」の本義でもあり、自利と利他の結びです。

荒の五十音によって和の力は封印されていたのであり、日本の「麻を開く」の真意はまさにここにあります。

これが、解明できますと、大麻取締法出現の意味の謎も解けるはずです。

それは、精神性である大麻・あさ・おふだの封印であり、物質性の象徴たる原子力の台頭です。おふだ（神宮大麻＝お札）がおさつ（お札）に置きかわり、それが戦後以来の物質世界の高度成長へと続き、バブルがあり、さらには極めつき起こるべくして起こった3・11へと繋がり、今まさに、原発の処理水を海洋放出するという、水を汚す最大のピンチに差し掛かっているわけです。

鏡に自らを映し込んだとき、このような「振る舞い」は、人類の先天的心象（自分らしさ）に適うでしょうか。

時代の転換期を見誤ると、取り返しがつきにくくなります。


荒の世界から麻の世界へ。

大いなる麻を活かしてゆく道は、私たちの生きる道です。

それは、神事・医療・産業・人権と、あらゆる角度からその恩恵を精査すれば、理屈はすぐに理解できることなのです。

荒も麻も言靈図の意図は現実世界に顕れてゆくものなのです。

天津祝詞の太祝詞事とは何か

さて、先ほどからテーマになっている大祓祝詞の「天津祝詞の太祝詞事を宣れ」について、深めていきたいと思います。この「天津祝詞の太祝詞事」とは何なのでしょう。

大祓祝詞

（前略）
天つ金木を本打ち切り　末打ち断ちて　千座の置座に　置き足らはして
天つ菅麻を本刈り断ち　末刈り切りて　八針に取り辟きて
天つ祝詞の太祝詞事を宣れ

古神道では「天津祝詞の太祝詞事を宣れ」に続いて、「たかまはらなやさ」（あ・わを除いた太祝詞8父音）と奏上します。

また、秋田物部氏の史実によれば、「宣れ」に続いて、「ひふみ祝詞」を奏上するようです。

つまり、「**天津祝詞の太祝詞事**」とは、「**たかまはらなやさ**」でありまた「**ひふみ祝詞**」であると言えます。

言靈学第一人者であった小笠原孝次氏は、

「四十七言靈をならべた日文（ひふみ）は、天津太祝詞すなわち八咫鏡をつくるつくりかたの教えであって、その太祝詞の実体は『タカマハラナヤサ』という八父韻の配列である」と、断言しております。

ここで、大祓祝詞にある『八針に取り辟きて』の八には、秘められた意味があるとお伝えしたことを思い出してください。

この八は八父韻の意味であり、八つの父韻をバラバラにして『荒／あら（＝あ・かさたなはまやら）』の世界から、『麻／あさ（＝あ・たかまはらなやさ）』に組み替えろ、という意味なのです。

つまり麻の響きを持つ言靈の世界へと移行し、高天原の計画を実行するようにと、人類進化の道を伝えているのです。

禊祓三例

古事記神名禊祓	布留之言本（日文）	天津太祝詞
伊耶那岐の大神 衝き立つ船戸の神 道の長乳歯の神 時量師の神 煩累の大人の神 道俣の神 飽咋の大人の神	ヒフミヨイム ナヤコトモチ	タ
奥疎の神 奥津那芸佐毘古の神 奥津甲斐弁羅の神 辺疎の神 辺津那芸佐毘古の神 辺津甲斐弁羅の神	ロラネシキル ユヰツワヌ	カ マ
八十禍津日の神 大禍津日の神	ソヲタ ハクメ	ハ ラ
神直日の神 大直日の神 伊豆能売	カウオエニ サリヘテ	ナ
底津綿津見の神 底筒の男の命 中津綿津見の神 中筒の男の命 上津綿津見の神 上筒の男の命 天照大神 月読の命 建速須佐男の命	ノマスアセヱホレケ	ヤ サ

言霊学の大家、島田正路氏は、「禊祓三例」の表の通り、古事記神名契祓にある神々のエネルギーと、ひふみ祝詞の言霊、そして「たかまはらなやさ」のエネルギーが見事に呼応していると解説している。
つまり、古事記が示す禊祓いの全貌と布留の言、さらに「たかまはら」の響きは同義とみることができるのだろう。

資料③　参考文献『古事記と言霊』 島田正路著（言霊の会）

ひふみは、祓い清めぞ！

ひふみ祝詞

ひふみよ　いむなや　こともちろらね
しきる　ゆゐつわぬ　そをたはくめ
かうおゑに　さりへて　のます　あせえほれけ

では、「ひふみ祝詞」について読み解いていきましょう。ひふみは清音四十七の言靈の重なりで、言靈の理、数の理を無駄なく並べている珠玉の祝詞です。

現在、このひふみ祝詞についてはどんな訳文があるのかをせっかくの機会でしたので、ネット検索をしてみました。

人気なのが大本(教)の流れをくむ岡本天明さんのお筆先(自動書記)のメッセージでした。

「ひふみは、祓い清めぞ！　弥栄(いやさか)ぞ！」という内容でした。

わかりやすい。ごもっともであるとお伝えしたい内容です。

もう一つが、

「大麻を育てよ、そうすれば交わる邪気が遠くに去って消えてゆく」

大麻研究家で縄文エネルギー研究所所長の中山康直さんの著書『麻ことのはなし』(評言社)に掲載されている訳文も有名です。


日本語は、不思議です。

音の核はそのままに、同じ音であっても時間軸・空間軸によってその意味合いが微妙に変化してゆきます。しかし、核が同じでありますから、意味合いは遠く離れないのが日本語なのです。したがって、このひふみ祝詞においてもその法が仕掛けられていても不思議はないものと観じます。


私は、ひふみ祝詞と出会ってはや十数年となります。佐藤准正阿闍梨にご教示いただいて以来、日々奏上していますし、また、伯家神道にご縁いただきました折、やはり行法の中にひふみ祝詞が組み込まれていました。私は、幾度も奏上し続けて、その音の重なりによって空間に生じる波や自らの心身への響きは、理解しています。

ひふみ祝詞の本義は、禊祓いの究極と捉えることができますが、奏上後に生じるエネルギーの動きを感得することで、その威力を知ることが可能となります。

人が地上に坐した場合を想定するなら、ひふみ祝詞を奏上していくと、上から下へ、下から上へ、さらには、左右、左斜め右斜めにおいて気の巡りが生じます。この気の動きは、すべて奏上している人間の中心で統合されてゆきます。その統合されてゆくプロセスの中で禊祓いは生じます。

この祝詞は、時間軸空間軸において様々に活用と意味づけが可能です。そして、どのような意味づけをしてもすべて禊祓いの作用にて、人（一十〈ひと〉）が中心に定まるよう言靈が設計されています。それは、《意識・心・体》のすべてに及びます。

ひふみよいむなや……一つひとつの音に意味を見出す事はもちろん可能ですが、それ以上に重要なことは、ひふみ祝詞全文の重なりによって起こるエネルギー現象であり、それをもってひふみ祝詞への真の理解が深まるのです。

少し訓練が必要かもしれませんが、可能であれば一息で奏上してみるとよいでしょう。

布留之言本と十種神宝の秘法

ここで、奈良県天理市の石上神宮(いそのかみ)における「ひふみよいむなやこと」について記載したいと思います。

『古事記解義　言霊百神』(小笠原孝次著　東洋館出版社)によれば、石上神宮は、五十神でもあり言靈五十音操作運用法をお祀りした宮であることが記されています。

(原理原律である五十の言靈麻邇(まに)を祀り示した宮は伊勢五十鈴ノ宮という)

この石上神宮には「布留之言本(ふるのこともと)」が伝承されております。

「布留之言本」
ひふみよいむなやこと（ここのたり）
ふるべ　ゆらゆら　と　ふるべ

布留之言本は、日（靈）文・一二三（ひふみ）祝詞のことを示すことが通説ですが、その中にもいくつかのバージョンが存在しています。

ひふみ四十七音を重ねた後に、「ふるべ　ゆらゆらと　ふるべ」の言靈を重ねる、ないしは「ひふみよいむなやこと（ここのたり）」の後に「ふるべ　ゆらゆらと　ふるべ」とする祝詞を布留之言本と表現する場合が多いようです。

この祝詞・言靈には、古より「死人も蘇る」という伝承があるようです。

死んだ人が、言葉や呪物で生き返るなどという話を、私は鵜呑みにしませんが、この伝承は、恐らく比喩であろうことが感じられます。

この伝承に限った話ではありませんが古文を読み進める場合、古事記にしても日本書紀にしても、祝詞にしても創作者がいるわけですから、その創作者の意図や裏を読み解きながら読み進めていくと思わぬ発見に繋がったりするわけです。

現在の世界情勢は、まさに大転換期でもあり、様々がギリギリの状態であることは言うまでもなく、まさに「死に体寸前」と表現出来なくもありません。「死人も蘇る」と伝承される布留之言本・ひふみ祝詞の本領は今こそ発揮されるときと言えます。

時間軸・空間軸によって、言葉の持つエネルギー、そしてそれを把握する人（一十）の観念というものは絶えず変化するわけですが、令和の時代において、太祝詞事である可能性が高いひふみ祝詞でもあり布留之言本でもある「ひふみよいむなやこと（ここのたり）ふるべ　ゆらゆらと　ふるべ」について、ひもといていくと、人の精神性、そして人権、さらには医療や産業、地球環境にしても「麻が切り札」であろうことが浮上してきます。

石上神宮における「ひふみよいむなやこと」は、十種神宝（とくさのかんだから）の靈威を示すものですが、奏上する一人ひとりが、それを観想し自覚することで、益々その力を感得することが可能となります。

十種神宝とは、天璽瑞宝十種と呼ばれる10種類の宝物です。饒速日命が天降りする際に、天神御祖から授けられたとする様々な靈力が宿る宝物であり、その内訳は、鏡2種、剣1種、玉4種、比礼3種（図7）。

鏡はその真なるを映し出すもの。

剣（太刀）は善悪・正邪を判断する象徴であり、また気を連ねる力。

玉は命の源であり、また文明の源である「コトのタマ」。

比礼は御魂護りに用いる祓い清めの布であり、また様々な文字・言靈の配置を意味し、特に麻布は、縦に「あいえおう」、横に「あたかまはらなやさわ」と続く縦横の糸（意図）が整然と並んだ「麻の言靈図」を要とした呪物の意です。

神宝は、実際の「モノ」が存在するのかどうかは不明であることが伝わっていますが、そこに叡智が存在していたことは、間違いのないものと言えるでしょう。

すなわち、この祝詞を奏上した場合、誰もが、十種神宝の秘法の恩恵を受けていること

【十種神宝（とくさのかんだから）】

沖津鏡（おきつかがみ）
辺津鏡（へつかがみ）
八握剣（やつかのつるぎ）
生玉（いくたま）
死返玉（まかるかへしのたま）
足玉（たるたま）
道返玉（ちかへしのたま）
蛇比礼（おろちのひれ）
蜂比礼（はちのひれ）
品物之比礼（くさぐさのもののひれ）

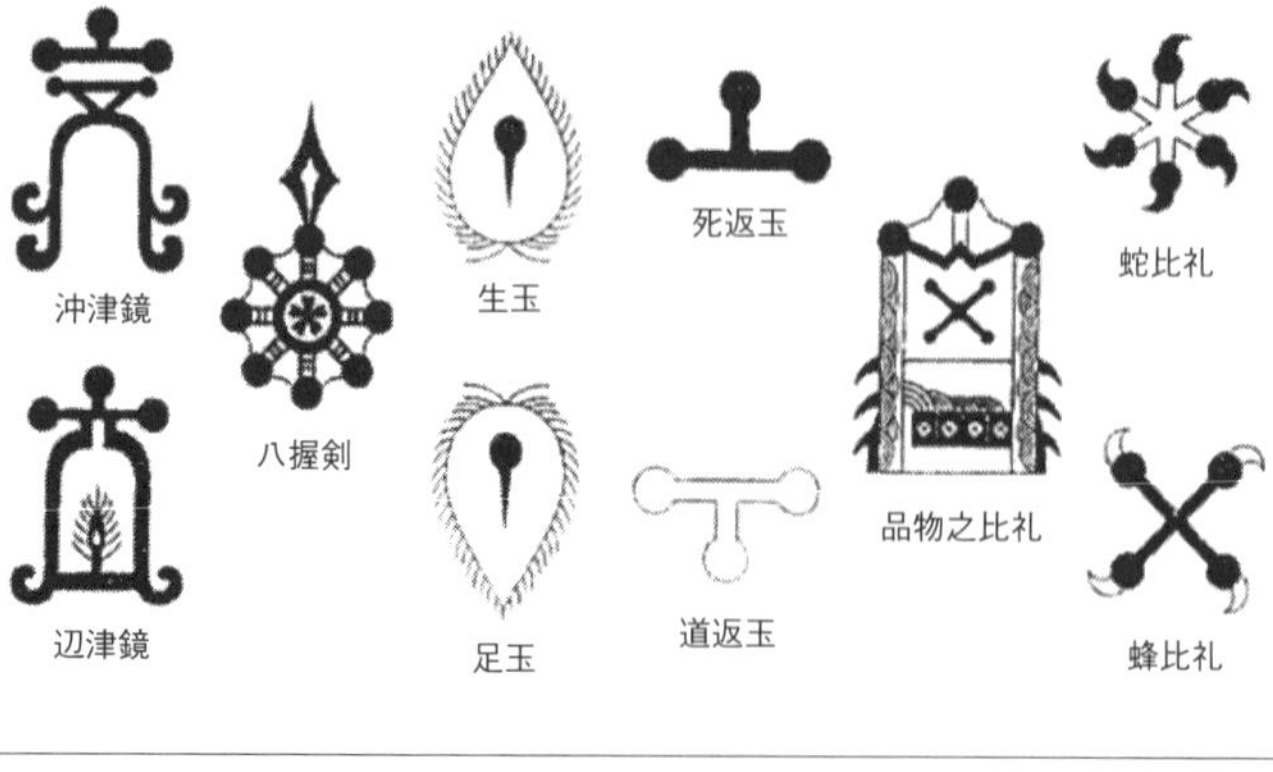

図7：十種神宝

を自覚することが大事です。

無自覚・鈍麻では、喜びや感謝にも鈍麻ということになってしまいます。麻が鈍いという、鈍麻の意は、自らの先天的「性」に気づけないことを意味する言葉なのであり、これは本来の身であり感性を包んでしまう意味での、罪になります。

「ふるべゆらゆら」と言靈ピラミッド「高千穂の奇振嶽」

さて石上神宮に伝わる布留之言本では、「ひふみよいむなやこと」のあとに、「ふるべゆらゆら」という言葉が続きます。

「ふる」というのは、「麻の言靈図」（あいえおう・あたかまはらなやさわ）を天地・陰陽にて配置した際の中心に位置する言靈となります。

これは、「高千穂の奇振嶽（くしふるだけ）」と呼ばれるものであり、国家形成の原理を説（と）いたもので、ピラミッドの原型とも言われています（図8）。

「フル」の本来の意味は、【形而上・下、現世・幽世、物質界・非物質界において「吾高

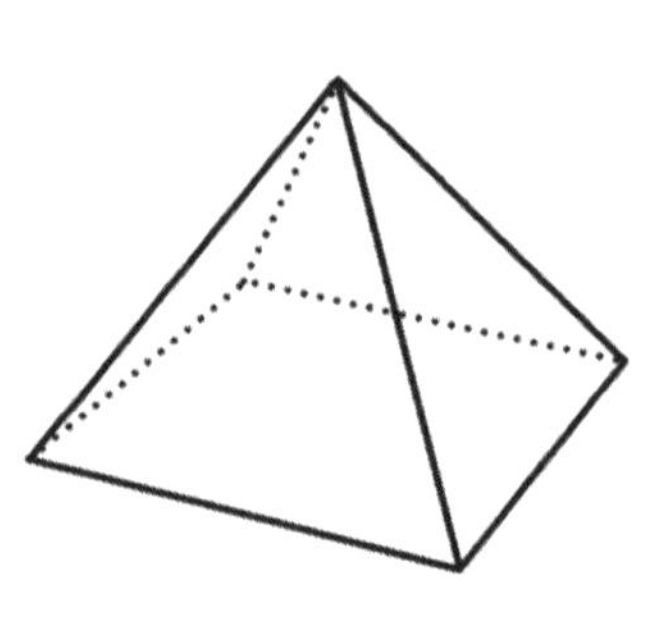

ワ	サ	ヤ	ナ	ラ	ハ	マ	カ	タ	ア
ヰ	シ	イ	ニ	リ	ヒ	ミ	キ	チ	イ
ヱ	セ	エ	ネ	レ	ヘ	メ	ケ	テ	エ
ヲ	ソ	ヨ	ノ	ロ	ホ	モ	コ	ト	オ
ウ	ス	ユ	ヌ	ル	フ	ム	ク	ツ	ウ
ウ	ス	ユ	ヌ	ル	フ	ム	ク	ツ	ウ
ヲ	ソ	ヨ	ノ	ロ	ホ	モ	コ	ト	オ
ヱ	セ	エ	ネ	レ	ヘ	メ	ケ	テ	エ
ヰ	シ	イ	ニ	リ	ヒ	ミ	キ	チ	イ
ワ	サ	ヤ	ナ	ラ	ハ	マ	カ	タ	ア

図８：高千穂の奇振嶽

天原成弥栄和」を権を以て実際に顕す】ということであり、「麻の言靈図」の本義であるところの、【宇宙生命の立法を振るう・実証させる】ということに繋がるものです。

それゆえに、「ひふみよいむなやこと（ここのたり）ふるべ　ゆらゆら　と　ふるべ」（ゆらゆらは、作用の波を表す。「べ」は、への強調）とは、「十種の神宝を以て治めるべし」の意で、饒速日命が天降りする際に、天神御祖（あまつかみみおや）から授けられたわけです。ですから、この祝詞に大きな力があることは明白であり、石上神宮に利益があることは理に適っているわけです。

さらに言えば、「天理教」、すなわち、天の理を護るべくして、天理市に巨大な教団が存するのも頷けるところなのです。市の名前が教団の名前になってしまうほどの、重大な原理が鎮座しているのでしょう。

禊祓による「プロビデンスの目」の終焉

さて、この流れでもう一つ、話をわかりやすくするために現世界の現象部分と関連付けたいと思うのでお付き合いください。

現在の政治は、愚かな「権勢」が振るわれているとお思いの方はたくさんいらっしゃるでしょう。その根本背景の象徴であり暗示でもありメッセージとして、ドル札の裏側にあるピラミッド上段の目、「プロビデンスの目」について、「支配の目」と理解されている方は、けっこう多くいらっしゃるのではないでしょうか。

あのピラミッドの絵、プロビデンスの目はまさに「フル」だけが、切り離されている状態を示しているものです（図9）。

これの意味するところは、一部の人間のみに富を集め「権（剣）の力」を集中させ、「中央集権によって、人々を支配しますからね」ということとなります。

要は、本当の意味で皆さんがもっと豊かさに満ちた世界を創造したいと望むなら、全世

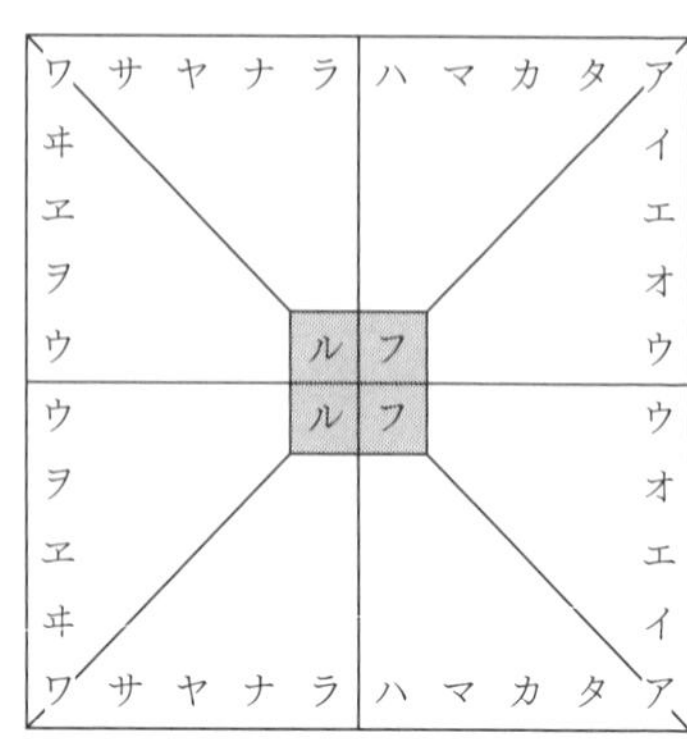

図９：ドル札プロビデンスの目と高千穂の奇振嶽

界における「権力のフル舞い」を改めさせなければならないということなのです。

さて、どうやって？　ということになりますよね。

私からの提案でもあり、麻の言靈図が示すところとしては、まずは、自らの中に「あさにわ」を構築する意図を持ち、そして審神者（さにわ）（判断力の意）を育み、一人ひとりに主権があることを示してゆくことが必要になってゆくでしょう。

愚かな権（剣）をおさめさせる力は一人ひとりの中に剣が存することの自覚となります。

そして、あさの義である「高天原・靈の元」の自覚を以て、日本の大麻の力・祈りの力、八百万を貴ぶ精神文化を世界に知らしめるとき、いよいよ禊祓いが生じ、「プロビデンスの目」は、その役割の終焉を迎え

天照大御神・月読命（つくよみのみこと）・須佐之男命の三貴子（みはしらのうずみこ）によって、世界は、現状の様を呈しています。

三神が統合されていくとき、地球には新しき社会構造が生み出されていくでしょう。

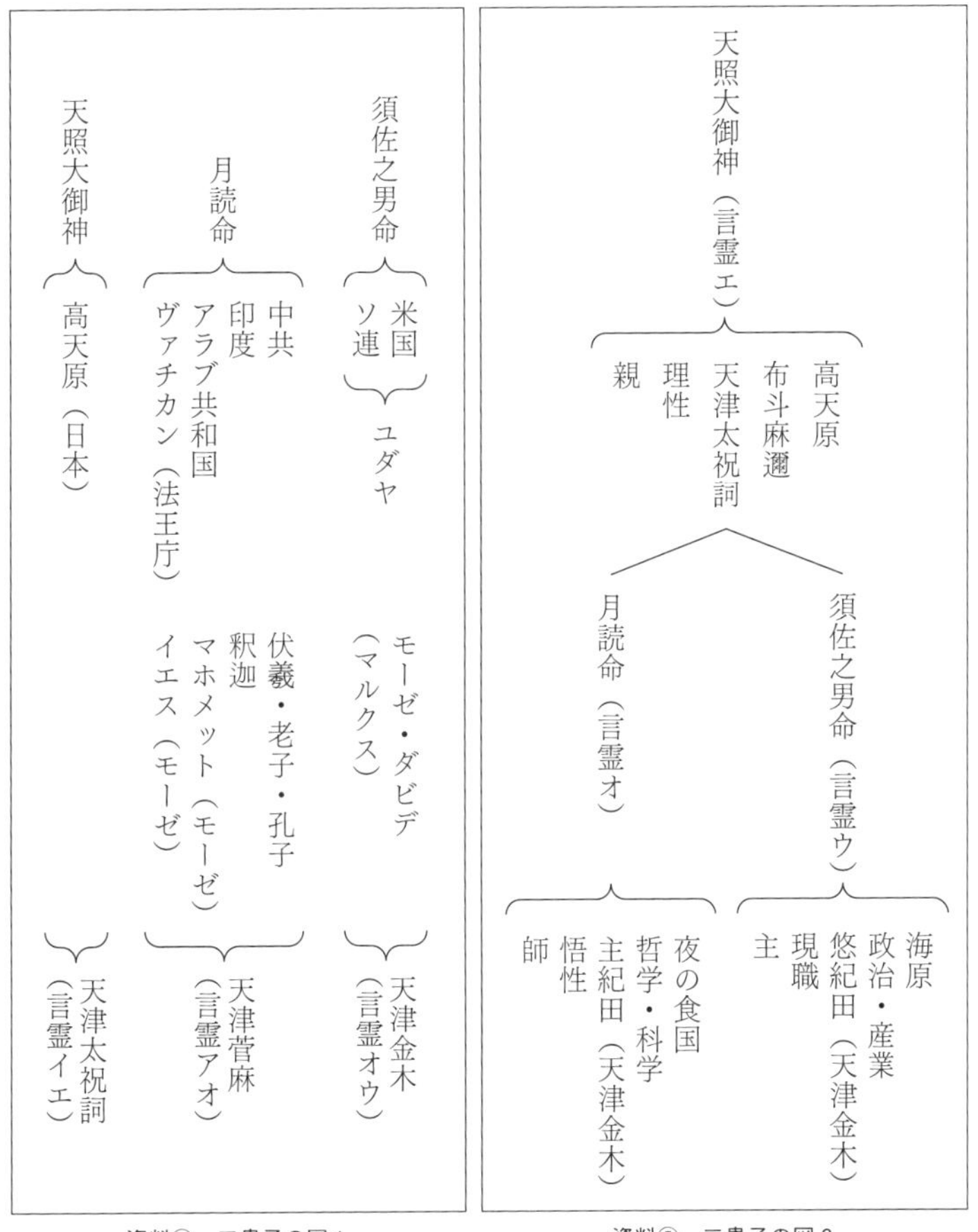

資料④　三貴子の図1

資料⑤　三貴子の図2

小笠原孝次著『世界維新への進発』（第三文明会）より資料④、『第三文明への通路』（皇学研究所）より資料⑤を引用

ることができるのだろうと思います。

念のためお伝えしておきますが、石上神宮の祭神は布都御魂大神(ふつのみたまのおおかみ)であり、「神剣」です。

ここまでの話の筋が見えてくるものと思います。

三種の神器とあさ

この第4章は、本書の眼目であり根本精神であり、私が「大いなる麻」「大麻」を世の中にお伝えしている理由ですので、あと少し「あたかまはらなやさわ」と「ひふみ祝詞」の秘密に関して、ダメ押しにて、言葉を重ねてみたいと思います。

「ひふみよいむなやこと」を示す十種神宝ですが、その内訳は、鏡2種、剣1種、玉4種、比礼3種であると先ほどお伝えしました。

これは「三種の神器」の実体そのものとも言えるという言説が多く存在しています。

皆さんも知ってのとおり、それは八咫鏡・草薙剣(くさなぎのつるぎ)・八尺瓊勾玉(やさかにのまがたま)です。

ここまでの話の中で、勘の利く方はすでに気づいていらっしゃるかもしれません。私は、この「三種の神器」の本義と作用の置き換えは、「あさ」で可能であろうと結論しています。さらに言えば「あさ」は、多くの方が触れることのできる「三種の神器」そのものと考えることも可能なのです。

理由を一言として簡潔に言い表してみましょう。

一に、鏡として
大いなる麻である大麻は、
祓い清めの力を以て、現象世界に自らの内面すなわち心を映し出します。

一に、剣として
大いなる麻である大麻は、
祓い清めの力を以て、清浄ならざる波の動きを断ちます。

一に、玉として
大いなる麻である大麻は、

祓い清めの力を以て、コトタマと心を整えます。

日本の麻には以上の本義があるため、天皇は、政に際し麻を用いてきたのです。

もはや、三種の神器は崇神（すじん）天皇以来、見ることも触ることもできないものであり「岩戸隠れ」をしているわけですから、神器と同義である、「靈之元（ひのもと）」大麻の本義を表に出すときが到来したことは、明々白々なる事実なのです。

◆

天津祝詞の太祝詞事、さらにはひふみ祝詞の本義までをひもといてきました。

岡本天明さんのお筆先も、中山康直さんの訳も、小笠原孝次氏の言靈学からの真理も、つまりは禊祓いを以て心を整理して価値の置きどころを組み換え、物質文明一辺倒の世界を大転換すべきであるというところに誘われます。

本来の神道の叡智である「靈之元」の叡智を思い出すことが大事ということです。

最後の最後に、ひふみ四十七音の解説がなされていないのでは？　という疑問を持たれる方もいるかもしれません。いろいろな意味づけは、今後も試されてゆくでしょうが、もはや、結論は記載したとおりです。

「ひふみ」も「いろは」も流動的な特性を持つコトタマ一音一音に対し、調和的な産靈（むすひ）、音の重なりであり配置によって精神原理の顕れを示したものです。

「ひふみよいむなやこと」そして「ふる」（あたかまはらなやさわを振るう）。

この響きの行き先は、数靈と言靈、即ち科学と精神を結んだ世界の幕開きを誘うもので、石上（五十）神の靈威そのものです。

「天津祝詞の太祝詞事」はいよいよ科学と精神の結びたる新時代、天地陰陽大調和の世界幕開きへの音頭なのです。

天宇受売命と「ウス（渦）」「フト」の言靈

そして、ここでは、一気に結論をひもといてゆきたいと思います。

先ほど示したあさの言靈図を天地陰陽表裏一体させたものが高千穂の奇振嶽であり、高山短山の義でピラミッドの原型です。

この言靈図には「アサ」と同様に、大事な二音が隠されています。

それが言靈「ウス（渦）」です。


重なり合わせのところに、「ウス」の言靈があり、この言靈の意味するところは、天の岩戸神話で活躍する女神であるところの「天ウズメの命」となります。

天コヤネの命が、言靈アタカマハラナヤサワで言靈図の屋根（ヤネ）を整え（鰹木十屋根の原理※3）、天フトタマの命が言靈十音を天地陰陽に配置し、二十（フト）音の靈（タマ）を整え、時空間・場を祓い清めたのです。

また、布刀玉命（フトタマ命）は榊を捧げ持ち神事を行いますが、その榊の枝には勾玉・鏡・布帛がかけられていたことが記されています。

この布こそが麻布であり、あさの言靈図を示す力でもあります。二十（フト）の力が縦横に整然と織り上げた呪物であり、また、布刀として、穢れを断つ力だったのです。

太祝詞（フトノリト）とは、二十（フト）であり布刀（フト）でもあるのです。

※3　伊勢神宮内宮の屋根に置かれている十本の鰹木は、言靈十音を意味し、母音と父音の重なりが神道の要であることを表わしている、と言靈学の世界では示されている。

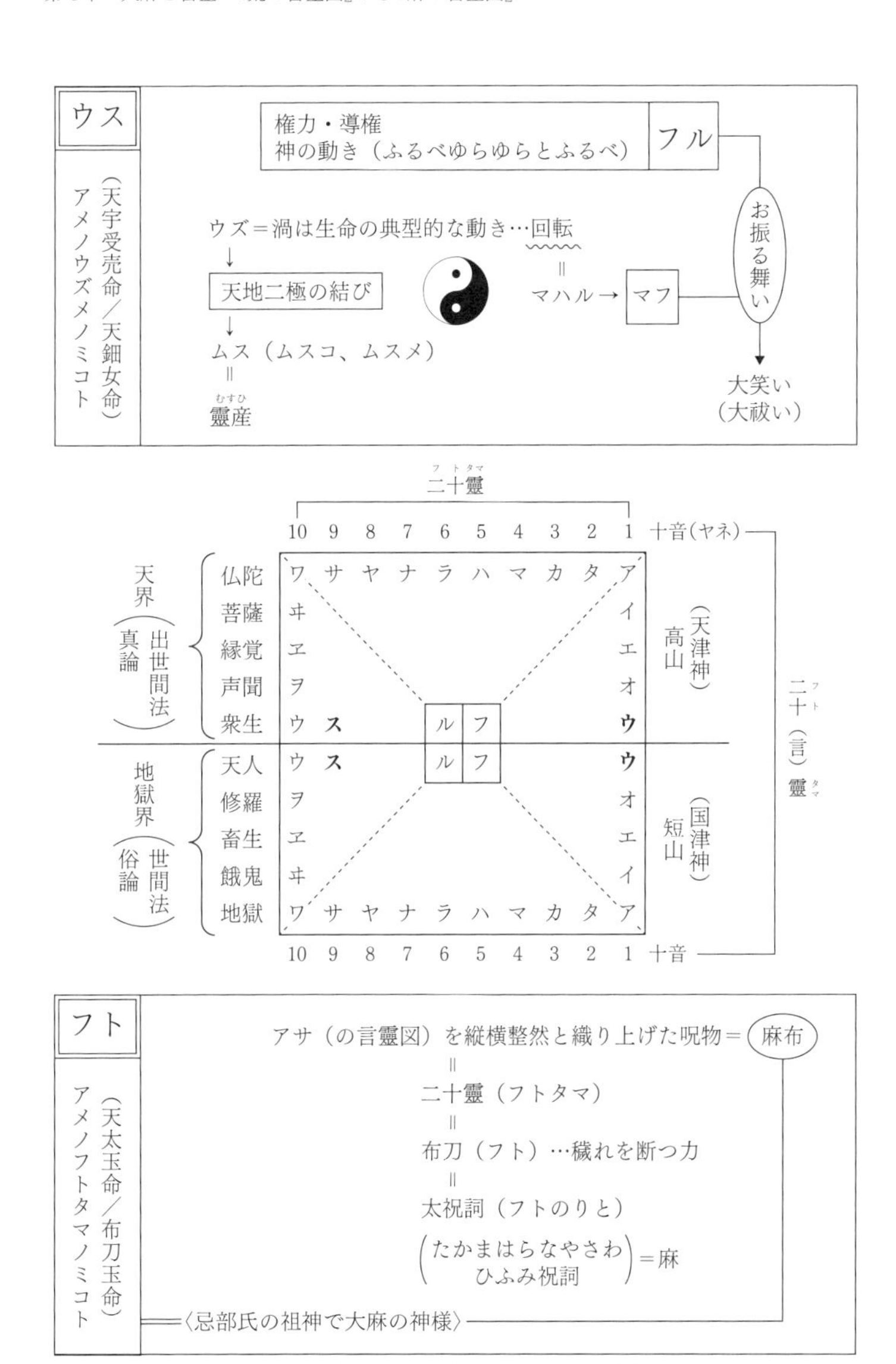

図10：高千穂の奇振嶽・ウスとフルの言靈

このように、すべての理が重なってくるところに日本神話のすごさがあるのであり、大いなる麻である大麻の深みが存在しているのです。

さて、天の岩戸神話で、ウズメの命はどのような行動をとられたのか、覚えていますか？　舞を、八百万の神々に「お振る舞い」されたのです。乳房をはだけだしながらも、なお、舞を振る舞い（フルマイ）、八百万の神々は大笑い（大祓い）されたのです。

「マフ」は、「マハル＝回る」と語源を同じくしていて、これは生命の典型的な動きです。

電子も回っているように、宇宙のエネルギーは、すべて渦であり、人間の生命エネルギーでアデノシン三リン酸をつくるミトコンドリアの運動も渦です。

即ち、ウスでありウズは天地二極の結びと回転運動を示し、結びの「ムス」の義です（息子や娘など）。

アタカマハラナヤサワの音が天地に配置されたとき、ウズメは、美しく舞う（マフ）ことができるのです。もちろん、ここで示す天地とは人々の内側にあるものを示します。

ウズメの登場は、女性性を意味し、女性性の世界的な顕れによって世界権力の振る舞い・フルマヒにも、ようやっと落としどころが見えてくるようになるのです。

生命の原理であるところの、渦（ウズ）・回る（マハル）、つまり、「マフ」「マイ」とは、神様の動きそのものを指しています。

常に降り（フリ）そそいでいる神であり生命の動き（マイ）に抗えば、穢れを生み出します。そして、回転が止まったときに我々は死ぬわけです。

一人ひとりの振る舞いを整える力として「アサ―麻」が在ること、いよいよ見えてきたのではないでしょうか？

瀬織津姫が水に流し「罪はあらじ」

そして、大祓祝詞でも、後半部分で女性性の象徴たる神が登場し、「水に流す」という至宝の精神を表している詞（ことば）へと続いてゆきます。

もう一柱、女性性の象徴たる神。その神の名を、瀬織津姫と言います。

「瀬」とは、水の流れを表す一字であり、その流れは、生命の法をつかさどる流れ。高山短山から落ちてくるその流れの力は、生命の法に抗う穢れを修祓して整えることを意味します。瀬織津姫は、瀬の水の流れによって、「汚」を律する女性性・陰の力。

よって「瀬の法を織る女神」であり、禊祓における最高神と言えるのです。

では大祓祝詞の続きを理解していきます。

「天津祝詞の太祝詞事を宣れ」、

つまり、「たかまはらなやさ」ないしは、「ひふみ祝詞」を「宣る」だから宣言する。

「此く宣らば」、時代の転換が起きていきますよ、と伝えて後半に続きます。

大祓祝詞

（中略）

祓へ給ひ清め給ふ事を　高山の末　短山の末より　佐久那太理に落ち多岐つ
早川の瀬に坐す瀬織津比賣と言ふ神　大海原に持ち出でなむ（中略）

> 罪と言ふ罪は在らじと　祓へ給ひ清め給ふ事を　天つ神　國つ神
> 八百萬神等共に　聞こし食せと白す

言靈そして大いなる麻の奥義を以て祓い、高山短山より流れ落ちる水の理（陰の生命力）によって禊を行う。この禊祓いによって、長年にわたり積りに積もった「荒・争」から顕れ出た罪穢れは、瀬織津姫（女性性）の働きによって大海原へ運ばれていくだろう。荒は麻によって真釣り合いが生じ、物質性（科学）と精神性（心）が結ばれていく。両儀の産靈を以て第三極たる文明が創造されていくだろう。

この時、天つ神・国つ神の神々と共に八百万の神々（地上万民）の罪はすべて消滅する。

このように、地上に高天原を創造すること、すなわち主客合一の世界を打ち建てることを説いている指導書、予言のような祝詞が大祓祝詞なのです。

作者不詳の祝詞でありながらも、長年全国全社で大事にされてきた大祓祝詞。きっと只ならぬ人物がこの国に残した宣命なのでしょう。

この大祓祝詞を単なる言葉にしてはなりません。それをどういうふうに実践するのか。この詞を以て「水」は「自」でもあることを理解し、自律神経の乱れが生じないような生き方を選択してゆきましょう。

麻に罪穢れを移し、それを、水に流す。麻と水が、罪穢れを消滅に導く理由は、言靈をひもとくことによって、ますます明らかになってゆくのです。

古来の神道の作法とは、このように、振る舞い（作法）と言靈の法則が完全に一致しています。大麻と言靈は、祈りの中心であり、呪術の秘儀です。

神道や日本の祈りは、感覚的であり、言靈の威力を知り尽くした作法なのです。

第5章

大麻と祈り／魔の終焉へ

まつりの語源

祈り（＝意宣り）と大麻を語るうえで、重要なカギを握っている「まつり」という響きについてお話しします。

まずは、「祭り」にまつわる話をします。「祭り」、いいですよね。お祭りと言えば、どんなことを皆さんイメージされますか。私は、祭りといったらお神輿をすぐに連想しますね。東京のオフィスが浅草にありますから、イメージは浅草三社祭。

一般的には、輿に依り代や結界のための麻や鈴を付けて、神さんをのっけての魂振り！「わっしょいわっしょい」の掛け声と共に上下にフルのです。

和であるところの神を背負う「わっしょい」。

この響きこそ、「麻」の原則であることは、前章でお伝えしたとおりです。

麻は言靈学的にも、実作用的にも、和を創出する植物であり、和の象徴。常に人と神は共にあるべきことを、「祭り」は教えてくれます。

そして、祭りの意味には、神を祀る「魂振り」以外にあと二つ、大事な意味が隠されています。

「まつり」の語源は、まつり合わせる、真なるをつり合わせるという意味と、もう一つは、大昔、天皇がこの国を治めていたことが明白だったころの「まつろう」という言葉から来ています。「まつろう」は、奉仕する、従うという意味です。

私たちは、その昔、天皇の宣命（命令）に従っていました。

これを、まつろう（ふ）「順う（ふ）・服う（ふ）」と言います。

天皇は、託宣を（神の言葉）受け、それを以て、政（まつりごと）を行ってきたのです。これを祭政一致というわけで、その政を行う場所を「あさにわ」というわけです。

「令和」の意味／誰に「まつろう」なのか？

昭和、平成、そして令和へと時代は流れました。

令和の「令」は、律令の「令」からきています。

令とは、「律令制度（国家）」において、従わせること、服わせることを意味していたわけです。この価値観は世界中に存在していて、ここから世界の中央集権制度は出来上がったのです。

そして、ここでお伝えしたいのは、国家運営をはじめとする、組織運営の仕組みであるところの、ピラミッド型・トップダウン方式一辺倒の手法そのものに、大変革の波が押し寄せているという事実についてなんです。

お気づきの方も、たくさんいらっしゃると思います。

古き「権力」システムが、いよいよ崩壊してきているのです。

その現れとして、今のアメリカを見てもいろいろなことが起きています。日本を見てもいろいろ起きています。この先、どうすればちょうどいいバランスでみんなが望む仕組みをつくっていけるのか。どう考えても、もはやトップダウンの仕組み一辺倒とは成り得ません。

私たちはこういう地球、こういう世界をつくりたい、こういう風に分かち合っていきたいというボトムアップの仕組みをつくっていく。その具体的な施策の一つに祓い清めがあると私は確信しています。

元号「令和」の意味は、誰に、「まつろう」のか？　が問われています。問題はどこから出された「令」なのか。もはやおわかりですね。そう、自分自身の本心からの「令」に「まつろう」ということです。主体たる自分のスピリットに従わなければいけません。そして、客体たる他人にもまた、本心に「まつろう」という心があり、その必然性があることを自覚し、それを敬い合う心である、和の心、高天原の心に組み直せるかどうかです。

ピラミッドと逆ピラミッドを結ぶ仕組みをつくる

「太祝詞事を宣れ」は、「べし」の意味。

さあここで、もう一度、高千穂の奇振嶽の図を見てゆきましょう。

麻は、「あたかまはらなやさ・わ」であり、高千穂の奇振嶽の図は、これを天地に配したものです。このピラミッド図もまた、立体的に天地に配されます（図11）。

このピラミッド型が上下に重なった正八面体は、六芒星（ろくぼうせい）の意図を含む幾何学図形であり

(図12)、これが麻の葉模様の義となります(図13)。

童謡カゴメカゴメの歌詞である「鶴と亀がす～べった」であり、「鶴・亀(ツル・キ)」即ち「剣」の指し示す意味です(剣は権を意味し、指導力も意味します)。

「トップダウンとボトムアップ」「上意下達と下意上達」すなわち、麻によって「あ」「わ」が調和的に結ばれるところに向かう「べし」となるのです。

令和の時代は、権のありか、権のフルわれ方が問われてゆきます。

私たちは、麻を自ら振わねばなりません。

トップダウン方式であり、中央集権たる上意下達の古き仕組み、ピラミッド方式にしがみつき、ただ「のほほん」と沈黙していては、「太祝詞事」を宣ることは、できないのです(図14)。

おわかりでしょうか。

世界中で大麻が「人権」と共に語られているのは、偶然ではないのです。

日本人よ、奴隷根性を麻の復活を以てぶった切るべし。

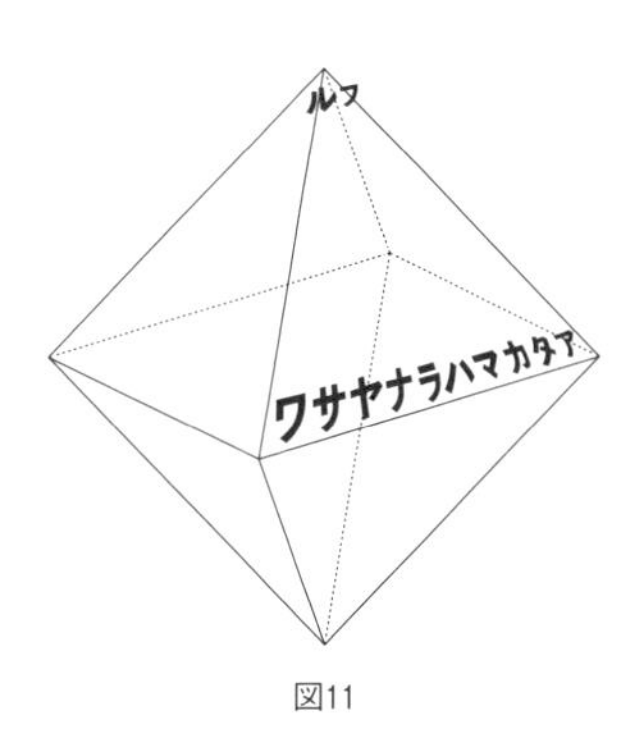

図11

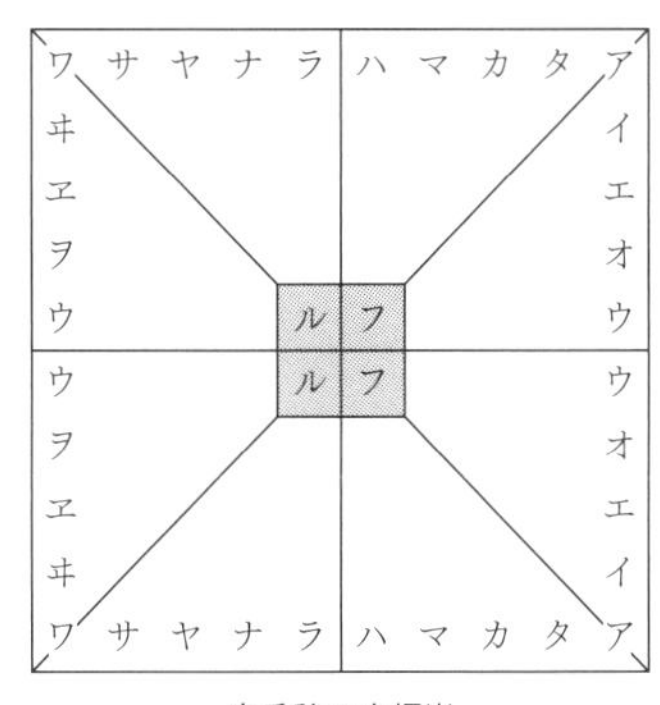

高千穂の奇振嶽

麻の言靈図を立体配置した「高千穂の奇振嶽」のピラミッド図もまた、立体的に天地に配されている（図11）。

ピラミッド型が上下に重なった正八面体は六芒星の意図を含む幾何学図形であり（図12）、これが麻の葉模様の義となる（図13）。

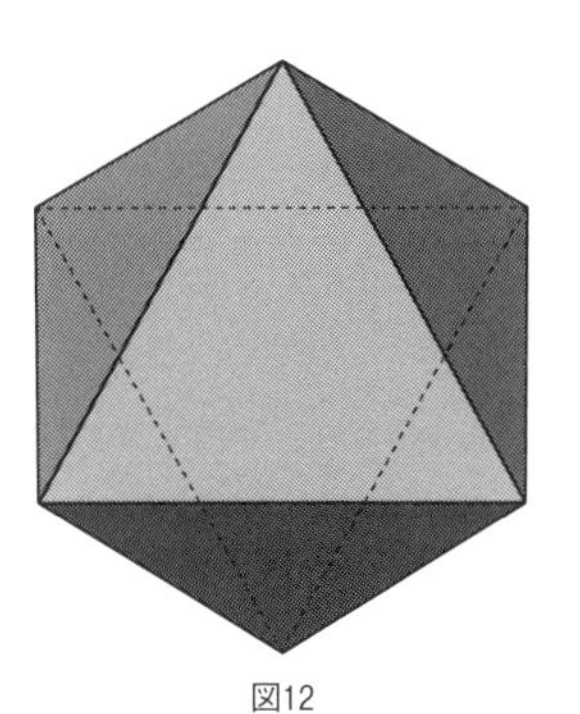

図12

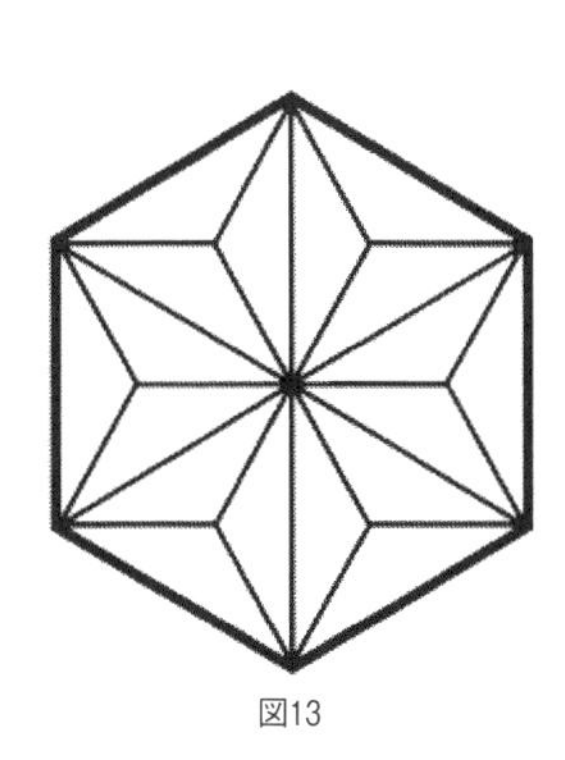

図13

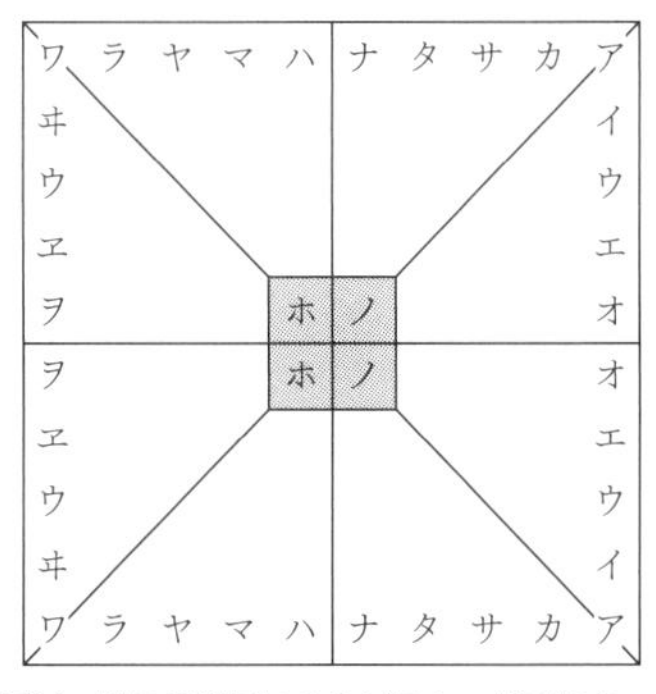

図14　荒の言靈図にみるピラミッドの頂点
荒の言靈図をこの図にあてはめると頂点は「のほのほ」となる。

真釣り合わせて陰陽バランスを取り戻す

祭りの語源の話に戻ります。まつりの語源には、さらにもう一つ、「真釣り合わせ」という言靈があります。

祭祀の根本的な考え方は、宇宙・大自然・神仏などとの交流交信、平安無事豊穣の祈りが要となっていました。古神道は、大自然一つひとつを神としてリスペクトして、神と共存していました。

これは、人が地球という大自然の中で、「生きているという能動的な価値感」と、「生かされているという受動的な価値感」とのバランスを真釣り合わせるのにとても役に立っていました。

その昔、祭政一致が行われていたのも、常に全体とのバランスを重んじる姿勢のもとに、政を行う必要があったからなのです。

現代は、宇宙・大自然・神々と人の営みにおいて、バランスを大きく欠いています。祭り事も力を失いつつあり、その結果、政はご覧のとおりとなっています。真釣り合わせの中心である大麻を失い、祈りを失い、バランスを大きく欠いたままでは、命を維持することが難しくなってゆく。それは、生きる行動の土台には、必ず精神性や意識が存在するからです。

偏りが振り切れてしまっている現代に大麻を復活させる理由は、真釣り合わせを具現化させるためです。一人ひとりがバランスを取り戻してゆくことの意義は、何事にも代えがたい価値となってゆくでしょう。

大麻のバイブレーションと人間の内奥にある本性のバイブレーションは共鳴する

なぜ大麻に触れるのか、なぜ大麻を結ぶのか、なぜ大麻が神事（かみごと）に重要な植物として重宝され大事にされてきたのか。これをつかめるかどうかは、実のところ、すごい難題なんです。言葉を超えた、言葉では表しにくいところでの体験、体感を持つことができるかということになります。

「祓う力」「産靈の力」。この大麻の力を真に体感したことのある方は、現在の日本においては、どのくらいいらっしゃるのでしょうか。

大麻は、机上では理解不能な深遠なる作用を有しています。

しかもそれは、人の意識によって、微妙に変化するものでもあります。

研ぎ澄まされた感性を持つ神職は、「麻は『意図すること』が大事である」とおっしゃいます。麻と人が出会うとき、その人の意識、意図が麻と共鳴し響き合うという現象が起きます。

大麻のバイブレーションと人間の内奥にある先天的な本性のバイブレーションは、共鳴します。

「愛する」と同時に「愛されている」

私はあることを感じているんですが、実は大麻を研究されている何人かの方が同じようなことを言われているんですね。何かと言えば、私は大麻という植物を心から愛し敬っているわけなんですが、同時に、「大麻に愛され敬われているな」という自負があるんです。またまたまたそんな、と言われるかもしれませんが、大麻の研究で有名な先生もこんなふうに話されているとのことを耳にしました。「僕が大麻を研究しているのではなくて、大麻が僕に研究してくれってって言うんだ」と。

大麻に向き合うとき、主体としての私は、客体である大麻へ、麻紐を結んだり束ねたりと様々、能動的に働きかけを行うわけです。そのとき、麻に触れれば触れるほど、主体としての私自身が、客体である大麻に祓い清めという作用を頂いていることに気づきます。触れるほどに祓い清め「られる」のです。

「しているつもりが実はしてもらっている」

私は、麻と向き合い続けたことで、より明確にそのことを理解し自覚しました。

この関係性や理屈は、本来、大麻に限ったことではありません。

誰かに何かをしてあげるとき、また、何かをしてもらうとき、そこには常に、「お互い様」と「お陰様」があります。

この自覚の顕れを「和」と表現します。

主体である「あ」と
客体である「わ」が
きれいに結ばれるとき
「荒・争」の世界は、消えてゆきます。

お互い様とお陰様。主客・天地の産霊（むすひ）。
「麻の言霊図」が示す心の在り方は、麻のごときにまっすぐな意図を織りなすことを誘います。人の意図がまっすぐな場合、織りなされ顕れ出る「現象」も清らかなものになってゆくでしょう。

嘘がなるべく少ないほうがよいのは、主体と客体の結びをきれいに生じさせるためです。一方に嘘がある場合、意図は絡まり、そこから因縁である「もつれ」が生じます。気づけていない自分自身への嘘ももちろん含まれます。自らの霊（自分らしさ・本心）に、偽らないように、しっかり、繋がる癖をつけてゆきましょう。

地球に住む多くの皆さんと、地球を治めるというか支配する方々との間には、たくさんの嘘や、方便（きれいな表現をするなら）があります。政治家の嘘などは、山ほどあります。これらのもつれを少しずつでも解除してゆかないといけませんね。

禍を消滅させてゆく麻の意

様々な不幸な出来事を「禍事（まがごと）」と言います。現在で言えば、「コロナ禍」によって世界中の多くの方々は大混乱に陥っているわけです。

私たちは日々禍が少ないことを望んでいるはずですし、社寺や教会での祈りの需要はここにあると思います。

「禍」とは、口・言靈の在り方によって、骨組みが歪むことを表しています。ですから、歪みを回復させるために、特別な言葉である呪文や祝詞を用いるわけですね。

「禍」の逆は、「福」。ここにも、口の字があり、福の字の下の部分の田は言靈の整った配列を示し、命の根である「稲」、すなわち稲穂であり「五十靈（いなほ）」を意味していて、福の根源が「言霊即神」であることを示しています。

漢字の形を見てもわかるとおり、口・言靈が禍ともなり、福ともなる。「口は禍のもと」と昔から言いますね。

古書である『秀真伝』によれば、いざなぎ・いざなみの神様は、国が乱れ、人心が乱れたときこれを治める方法として「あわ歌」という歌をつくりそれを大衆に伝え指導したところ、言葉が整い、心が整い、国は穏やかに治まったことが記載されています。

禍は歪みであり、「曲が事」「曲がった言の葉と行動」によって、骨組み、つまり、人々の心身の構造、社会の構造に歪みが生じるわけです。

その歪みであり曲がりであるところの「曲が事」を、麻でまっすぐ（――）に整えることで、禍を消滅させることができます。

大麻は、曲がった禍事を、まっすぐにある状態、直靈（なおひ）というスピリットがまっすぐ降りてきている状態ないしは鎮座している状態、カンナビノイドが溢れている状態に誘っていきます。

靈之元を正せば、禍は自然と滅さられてゆく。

このワザが神社での祝詞奏上であり、幣であるところの「麻」を振る・触れるということです。これによって真釣り合わせが生じ、出来事とそれに対する人心に「整え」をもたらすわけです。「身を削ぎ・靈を祓う」ことで、直靈を取り戻してゆくことができる。禍を転じて福となす、その裏には「言靈」と「大麻」のお働きがあったのです。

1は全体へと繋がる大きな力

この世界には、まだまだ罪・穢れが溢れています。

世界中で戦争という名の大量虐殺が起きています。武器を持ち、互いに牽制と威嚇をし合わなければ、産業が成り立たないだなんて、こんな幼稚な思考による構造（軍産複合体）がいまだにのさばっているわけです。

私たちにできることは、愚かな政治判断に賛同しないことでしょう。

ここで、陰謀論的でもあり、オカルト的でもある魔や闇の正体について、一言で結論しておく必要があると思います。

魔や闇の支配者たる存在は、世間では様々に論じられています。世界で生じている様々な未成熟な出来事については、陰謀論でもオカルトでもなく、単なる事実として、それを遂行している人間がいること推測してゆく必要がありますが、そのすべては、一人ひとりがそれを容認していることに責任があります。

例えば、エネルギーのことや医療のこと、戦争や基地の問題、種や水のことなど、あげればきりがないほど大衆にとっては不利なことがこの世界には山積みです。

しかしながら、世界中に張り巡らされている魔の仕組み、闇の仕組み、これらは、すべて方便であると結論づける必要があるでしょう。

物質文明を世界に構築するためのものであり、魔とは、悪の仮面を被った神と表現できるものなのです。神は魔に支えられ、魔は神に支えられ、長きにわたり、この地球上に文明を構築してきました。それは、高き山が深き谷に、その存在を支えられているかのごとき関係性です。世界中で展開されてきた人道に反する行いの数々は、確たる人道を地球上に構築するためのプロセスでもあったのです。

ですから、時代の大転換であるまさにこのときは、極めて達観した視座で、物事を観て判断してゆかねばなりません。そして、最も大事なことは、一人ひとりがこの世界に影響を及ぼしている当事者であることへの自覚が顕れ出るか、ということ。

大事なのは判断力です。この本では何度もお伝えしていますが、自らの内にあさにわをつくり、審神者（さにわ）を育み、禍事（曲事）の元を断つ判断ができるかどうか、ここが大事になってゆきます。

自分の内に嘘はないか？　妥協はないか？「曲が事」がくすぶっていないか？

外側から載せられた重たい倫理や慣習、「～であるべき」な一般常識としての古き令（命令）、互いを監視し合う人目。

これらを打破し、本性としての「自」を顕現させてゆくときです。

「自」である自分の命の源には、たくさんのご先祖さんがいらっしゃいます。多くの過去が繋がっています。その過去は世界中の命と繋がってもいる。そして、そこには数々の痛みがあったかもしれない。今、私たちが麻を持ちそれを振るわせるということは、その過去を根こそぎ潔斎（けっさい）するということ。

「自分一人」というのは、単独に見えるかもしれないし、非力に見えるかもしれない。

しかし、実のところ、１は全体へと繋がる大きな力なのです。

その、1たる自分が過去の痛みを祓い清め、その痛みからの叡智を今に活かすことができれば、もはや、その過去の穢れは禍の種ではなくなります。すがすがしく、穢れの中心に在る智慧の核を今に結ぶのです。

それが、麻の心であり、日本の叡智。麻を振りかざすことで過去の穢れは、今をよりよく生きるためのエネルギーに転換されてゆきます。

肚意＝祓いが本望を顕現させる

私たちの本望やスピリットは「肚（はら）」にあります。そういった意味でも、日本の「ハラキリ」は、作法として命を断つ象徴だったわけですね。

私たちは、本来、何かを決定するときは、肚で物事を判断してきました。肚を決めるというのは、まさにこのことであり、肚に意志があるわけです。

「祓い」とは、「肚の意」を顕現させることでもあります。

私たち日本人は、肚がずいぶんと弱くなりました。何かにつけて、すぐ頭だけで物事を決めてしまう、判断が曲がってしまい迷いの道へ入りやすくなったのです。

麻に触れてゆくことで肚の意を浮上させてゆくことができます。

そして、本望顕現への条件は「肚の意」と頭での「思考」を結んでゆくことにあるのです（肚と頭は天地を意味します）。

祈りとは意（命）を「宣る」ことにありますから、言葉を発するときというのは、肚と頭を一致させてゆかなければいけません。


天地の結び役は喉になります。第五チャクラでもある喉の仏でもって、肚と頭とが相違なく釈（解）かれなければならないのです。

肚の本心と頭の取り繕いによって天地にギャップが生じているとき、その言葉の響きによって心身は分断され、曲が事の種が生み出されてしまいます。

麻で祓い清めが必要なのは、このようなギャップを防ぐためなのです。

頭から肚まで肚から頭まで「すーーー」っと意の道が流れるようにする。

そのとき天地・頭と肚は結ばれ、肚に一物を抱えずに、腹黒くならずに、言霊を発することができますから自ずと禍は遠のき、そして本望である、肚の意が現象として顕れ出てくるようになるのです。

世界は、一人ひとりの天地の結びによって変えられてゆくのです。

日本独自の許しの哲学

大麻の「祓い」とは、ダイナミックに物事をリセットさせるパワーでもあります。大麻に罪穢れや思い悩みを移し、それを、瀬織津姫・水の清浄たる理によって、大海原にお持ちいただく。それによって過去を引きずることなく、「今ここ」で最善を生きることができる作法が日本には存在しているのです。

水に流すほどにどんどんよくなってゆく、素晴らしき「許し」の哲学でもあるのです。日本独自の許しの哲学。この哲学こそが無条件の愛（天意）であり、八百万の精神・神道そのものだと観じます。この哲学の土台に大麻が存在しています。

こんな素晴らしい智慧を知らないなんて、本当に勿体ない。

私たちが変われば、世界は変わります。

たいま＝素晴らしき今ここ・中今

ところで、突然に「たいま」を英語で解釈したくなりました。

「た」＝田であり、整然とした「クロス」によって素晴らしき豊かさを醸し顕す一音。

「いま」＝いまここ瞬間。神道で表現するところの「中今（なかいま）」。

「たいま」というコトタマには「素晴らしき今ここ・中今」という意味が出現してきます。

英語でしたら、「Wonderful now here」（ここでもフルが）。

いい響きですね。本当に、いい響きです。

天津太祝詞事の舞／天麻那舞

今、全国各地の神社で天麻那舞（あまなまい）がご奉納されています（巻頭カラー参照）。

私が運営をしている一般社団法人日本燦々の事業の一つに、天麻那舞の舞手を育成し、

天麻那舞

社寺に舞を御奉納させていただく取り組みがあります。主宰の村上舞那さんと二人で創設して、はや数年以上が経過しました。

現在、舞手さんは、全国に200名ほどいらっしゃって、毎年、年間20以上の社寺にご奉納をさせていただいており、各地で、激励や感謝の言葉など、たくさんの反響を頂いています。

天麻那舞のコンセプトは、「天津祝詞の太祝詞事を宣れ」、この大祓祝詞の眼目にのっとっています。

日本には、すがすがしさだけではおさまりきれない、痛みを伴う歴史もありました。

社寺には、時に怨念封じの意図があったり、支配の意図があったり、弾圧の意図があったり様々です。社寺だけではなく、国土には、時代による穢れや痛みがあるものです。広島や長崎そして沖縄などには、近代の戦争において大きな痛みがいまだ残っていることは明白です。それはもちろん日本だけではなく、世界中に存在しています。

麻を以て、自らを祓い清め、時空を祓い清め、そして、祖神に祈りを捧げる行いは、同時に自らの内に存する誠の意を観ることとなってゆきます。

私たち人間は、過去の出来事を変えることはできませんが、過去の概念を変えることはできます。祓い清めて中今に生きれば、歴史の意味合いを変えることはできるのです。


麻と共に舞うこと、それは古からの日本の叡智。

日本の女神である天宇受売命と瀬織津姫の想い。

日本の女性たちは、麻を振りながら世界で舞うことになると、私は思っています。

そしてそれは、麻の葉模様のごとく伝播してゆく。

「荒・争」の精神性によって地球上で生じてきた様々な痛みや因縁、罪や穢れを水に流す手伝いができるのではないかなと思っているのです。

日本をはじめ、世界中の女神が姿を現すことができるかどうか？

鏡の真理で自らと世界の現状を自覚し、

剣の真理で断つべきものを断ち、
玉の真理で心と意識と行動に変化を生じさせること。

日本の大麻と祈りは、まさに、このタイミングでかつてないほどの力を発揮するのです。

戦後の法律で大麻を失ったからこそわかる、至宝の叡智。それが、神事をつかさどる、祓いと産靈（むすひ）の術です。これは日本大麻そして神道の結論であり、さらに言えば、スメラミコトの大仕事でもあり、靈之元の精神性への帰結は、古代ユダヤの悲願でもあるはずなのです。

麻は物質と非物質の架け橋

さて、麻は、物質と非物質との架け橋だとお伝えしてまいりました。

大麻で祓い清めていくことによって、外在に漂っている万象のエネルギー、そのリズム、法則性がどういうものであるかを体験するチャンスがもたらされます。

神仏を舞い降ろす麻と振る舞いたる所作。

どの角度に手と足を動かし、そして置き、体をどのように動かすか。

その動作・振る舞いによって、何が感じられているか。

陰陽五行・森羅万象・宇宙の深遠さ。

人は手の組み方、置き方などによって「今ここ」にそれを生み出す叡智を携えています。

この、振る舞いの原則は茶道や華道、武道など、あらゆる道ゴトにとって普遍の理です。


どのような、音・コトタマを発してゆくか。

どのような、動き・行動を行うか。

結果として、どのようなモノが顕れ、どう感じたか。

世界は、このループによって生じてゆきます。


私たち人間は、内側に小宇宙を持ち、外に大宇宙を感じる力を有しているわけです。

その意味を理屈を超えて実際に体感し、その実作用を深く理解されている方はいかほどいらっしゃるでしょう。

ところで、有名な整体法で「野口整体」をご存じですか？　野口整体の創始者である野口晴哉（はるちか）さんは、その整体法に神ゴトの原理を用いていたようです。それには、「活元（かつげん）運動」という名前がつけられています。

この整体法は、大変高度な技と原理で構築されていることが理解できます。

人の心身に備わっている反射的な運動も含めて、不調和な部分に対して、心身には常に調和・治癒に向かうための活動が行われています。

物質的肉体においては、もちろんそうであること、皆さんは気づけると思いますが、実のところ、私たちが「気づき受け取ることができれば」の話ですが、外在たる森羅万象もまた、私たちの治癒を誘っているのです。その方法を一言で解説するならこうです。

例えば、あなたの肩に痛み・不調があったとします。そして、あなたは、肩の不調を回復させることを強く意識します。そうしますと、外在にある森羅万象は、あなたの意識に呼応し、肩を回復させる「気」の動きを生じさせるのです。

その外在である万象の動きと、内在である心身意の動きとを同調させることができるなら、その結果顕在的な意識では不可能的な自動運動が肉体に生じ、体を治癒に至らしめる。これが、「活元運動」であり、人間の潜在的治癒力「活」に起因する運動療法でその極みたる術法です。

外在と内在、大宇宙と小宇宙の結び。この法もまた、麻の言靈図より導き出すところ、「あ」と「わ」を結ぶ整体法と言えます。

私たちには、そして森羅万象には、常に生命を育む「直き」力が働いています。

例えば精神・心の整理が必要な場合、現実には、時に厳しき出来事が顕れることもあったり、また、体の反応で言えば、体に適応しないウイルスや細菌が侵入した場合、熱が出たり咳が出たり下痢したりといった症状が生じることがあります。

これらの反応は、すべて祓い清めの反応なのです。

そして、私たちは、その出来事から心の強さを得たり、出来事に対しての対策法を学習したり、肉体的には免疫を獲得したりするわけです。

すべては、因果応報。因に想いを馳せなければ、因は、巡り続け、また痛みを出現させて、因の解決が求められてゆくことになるでしょう。

しかし、因を祓い清めれば、大いなる統合が起こり、現実に変容が生じ、因から学べるのです。

人と神仏・人と自然の真釣り合わせ

私はずっと観察してきて、宇宙のリズムや、人が本来持っているリズムに合わないこと、そぐわないことをやっていったときに、気の流れが止まり、凝りが生まれるのではないかと思っています。

私たちの生命は万象の恵みによって支えられています。そのことに意識を向けて、そのリズムを尊重していかなければならない。

人だけが何かをなしていると思った瞬間に、もはや穢れる（気枯れる）わけです。これは古神道の考え方です。古い時代の日本人は自然を大事にしてきた。そういう本質的な部分を深く理解していくと、それに反することはあまりできなくなってきます。

大麻で祓い清め、地球に意識を合わせていくと、身体の中から直き生命の動きが出てくる。そのことに即した言葉が出てくる。そのことに即した生活習慣がちょっとずつ取り戻されていく。ちょっとずつでいいと思うのです。

そして、自分の中から湧き起こってくる自然のリズム、意識に従って生きる。

常にエネルギーが私たちに降り注いでいます。もうすでにその動きがあります。うごめいているエネルギーの気を、体は常に顕わそうと努力しています。そこに気づくことができると、整い始める。整ってきたら、何とも言えない喜びが俄然溢れてきます。結果、ホメオスタシスがグーッと上がって、内因性カンナビノイドが溢れてくる。

自然のリズムと人間のリズムの同調。
そのリズムによって物質性を鑑みること、
断つべきものは断つ勇気。
そして、物質文明を運用する叡智。

「自利」と「利他」
「肉体」と「精神」
「現世」と「常世」
「男性性」と「女性性」

「交感神経」と「副交感神経」

これら、対義のコトが結ばれてゆくとき、人と神仏、人と大自然は調和し私たちの世界からは穢れがなくなってゆきます。

大麻・言靈・祈りの三位一体は現象を発現させる秘儀中の秘儀

大麻
言靈
祈り（意宣り・命宣り）

この三位一体は、現象を発現させるための秘儀中の秘儀です。
これは、古よりの神仏習合の形です。
まずは、大麻で心身意を祓い清めること大事です。
大麻の祓いがないということ、それは、レストランのドリンクでたとえるなら、ビールを飲んだ後の泡まみれのグラスに、そのまま極上の大吟醸を注いでしまうほどに勿体ないこと。器を体と見立てるなら、理解しやすいと思います。

そして、きれいな器になったなら、言霊を響かせます。「コトのタマ」一音一音の響きが即実相を顕す根源になっていることを自覚されるとよいでしょう。

真言宗を開いた弘法大師空海はその理を誰よりも理解していた賢人で、「五大に皆響きあり」として（五大は空・風・火・水・地）、これを、「声字実相」の真理として説いています。

言葉を発するとき、一音一音を意識的に響かせてみてください。音によって形態が生じ、そこには宇宙の構成要素としての響きが存在しているのであり、最初にその響きを聞くのは、発した本人となります。

そして、次に大事なのは振る舞いであり所作です。

発する音と乖離しないような作法を以て自らの心と体に、意を刻みます。密教やヨガでは、これを「印」とし、神道では、柏手や礼、麻をフルなどの作法となります。

そして、祈りの肝になります「意図」です。「い・と」とは、意をととのえて外に発するという音であり、意図は整っていることが重要になります。整っているとは、肚と頭が結ばれていること。そして生命の公理に抗っていないことを意味します。即ち、

大麻で祓い清め
言葉を響かせ
その響きにのっとる所作を行い（印を組み）
そこから生まれる想いを観る（観想する）

また、どのような宗派宗教の祈りであっても、この原則を応用することで、禍を減し、和を構築してゆくことが可能となります。

この原則を密教では三密と言います。

大麻は意図を整えてくれます。そして観える世界と観えざる世界の架け橋でもありますから、大いに活用いただきたく思います。

まことの神事と大麻は一体化しています。その絶大な神秘なる力ゆえに、日本の大麻は、抑圧されてきました。いよいよ穢れきったこの世界を祓い清めるには、大麻と共に八百万神のお働きが必要なのです。

八百万神とは、一人ひとりの生命であることは、言うまでもありません。

魔の終焉へ――麻の中の鬼は神上がりする

「大麻、言靈、祈り（意宣り）」という、現象化を引き起こす日本の秘儀三法を以て、一人ひとりが、自らの肚の意志に順ってゆくとき、天岩戸神話のごとく、八百万の神々には大笑いが生じるのです。このときの八百万とは、たくさんの皆様方ということになるでしょう。

神ごとは、一人ひとりの内にあります。

祈りに、免許や許可はいらないのです。

いずれ日本の大麻の本領である祓い清めと産靈（むすひ）の叡智が少しずつ世界に広がっていくで

しょう。世界中の人たちが麻を通じて高天原の世界を知ることになります。

祓い清めた先には、「主客合一・梵我一如」たる産靈（むすひ）の世界が待っています。

このとき、邪気や魔は消滅しその役割を終えます。

魔は、麻の中の鬼。
「鬼」は、日本では神でもあり、隠れた存在を意味します。
麻で祓い、遠い過去の計画を思い出し、今ここに、その古計を結び顕そうとするとき、
魔の役割は終焉を迎え、鬼は神上がりしてゆきます。
三種の神器は自らの内にあるのです、その神器を振るい、一人ひとりが祈り始めるとき、
形而上での祭りはクライマックスを迎えるのです。

第6章　祈りの秘宝　復活へ

大麻取締法改正の正体とは⁉

大麻由来の医薬品が施用可能に

1948年（昭和23年）に制定された大麻取締法が、2023年12月、75年ぶりに改正されました。

この改正により、大麻取締法第4条が撤廃され（第4条は主に大麻から製造された医薬品を施用すること、大麻から製造された医薬品の施用を受けること等の禁止）、医療目的での大麻使用が認められることになりました。2024年の年内には施行される予定です（※4）。

この法改正に至るまでには、日本国内だけではなく海外も含む多くの患者さんやご家族、

※4 施行期日は「公布日から1年を超えない範囲内で政令で定める日」とされており、遅くとも2024年12月13日までに施行されることが定められている。

専門医、さらには医療大麻の有用性を主張して国政に立候補した女優さんをはじめその他の医療大麻活動家などの懸命な試みがありました。リーガル・イリーガル問わずたくさんの命の熱量によって、今改正にこぎつけたリアルを知っておいて頂きたいと思います。(大麻草の医療使用・効果を否定し続けてきた有識者さんも考えを改めることになるでしょう)。

医療目的で大麻草を原料としたお薬(エピディオレックス)が国内で使用されることは、本当に素晴らしいことです。ドラベ症候群、レノックス・ガストー症候群、ウエスト症候群などの難治性てんかん症状を抱える2万人以上の患者さんが、大麻草由来医薬品に救われることになるかもしれません。

適応疾患はまだまだ限定されているようですが、令和5年11月30日に行われた参議院厚生労働委員会質疑において参考人としてお話をされたドクターの言葉によれば、薬の適応拡大を目指していくとのこと。そして、この薬の適応者さんの他、QOLを維持しているCBD利用者さんをも等しく大切にされるように、と国会議員たちに言葉を尽くされたご発言は大変胸に響くものでした。

大麻〝使用罪〟新設で冤罪の危険性!?

一方、医薬品としての大麻草の施用を法律により認めることで、大麻は麻薬指定とされました（医療においては麻薬取り扱い者免許が必要になる）。

それに伴い大麻使用罪（改正前は所持罪）が新たに設けられ（※5）、大麻使用による罰則が厳しくなりそうです。

医師の処方による大麻草由来医薬品の利用を第一義としたこの法律改正のプロセスを理解すればやむを得ない側面があることと承知していますが、この使用罪の新設により、現在流通しているほとんどのCBDが違法となる可能性がでてきてしまったのです。

理由は、麻薬と定義された大麻草内の化合物「THC・テトラヒドロカンナビノール」のCBD製品含有閾値（しきいち）を現状より200倍〜2000倍厳しくするという提案が、厚生労働省からなされているためです。

この厳しすぎる提案によって、現在市販が許可されているCBDであっても、事業者や利用者は冤罪の憂き目に遭う可能性があり、QOLの維持をされている多くの方々に生命

※5　大麻取締法は改正に伴い「大麻草の栽培の規制に関する法律」へと名称を変更。また併せて行われた「麻薬及び向精神薬取締法（通称麻向法）」の一部改正によって、大麻は覚醒剤などと並んで麻薬指定となり、麻向法の使用罪が適用されることとなった。

維持の危険が出現してきました（ＣＢＤは稀に極めて微量のＴＨＣ変性があり得るため）。

まさに、大きく一歩進んだ法改正ですが百歩下がるくらいの矛盾点を孕む法改正となるかもしれません。

令和6年6月末までにパブリックコメントが多数寄せられたようですから、実際の施行内容が当初の提案より国民に寄り添う内容に修正されることを期待せずにはいられない心境です。

この厳しすぎる内容の背景は、「**逮捕する際の立証を容易くするため**」であり、現在ＣＢＤを摂取しそれを命綱とされている国民や、国民の心身堅固・健康増進を使命として頑張っている事業者への配慮が微塵も感じられないことは大変残念なことと思います。

是非、深読みして頂ければと思います（執筆時　令和6年7月21日）。

何かが変なんだ！

他国に比して必要以上に大麻の扱いを厳しくする理由は何のためなのか？

長年そのことに想いを馳せ、政治的な意図を含む様々な理由を感じてきましたが（神道の祭祀システムの解体や石油産業競合素材の抑圧など）、より明確に、その答えの一つを導き出した方がいますので、この場を借りて次の作品を紹介しておきたいと思います。

「大麻のお医者さん」として知られる医師でありラッパーの正高佑志さんの楽曲、『何かが変なんだ』のリリックをここに掲載しておきます。

MASATAKA 1st Album『Smoking Never Kills』より
配信 URL-https://linkco.re/xDHR2A8f

正高佑志 a.k.a. MASATAKA

医療大麻のお医者さん。ラッパー。熊本大学医学部卒。医師。日本臨床カンナビノイド学会副理事長、一般社団法人 Green Zone Japan の代表理事。学術活動、出版、動画配信などの啓発活動に従事し、日本での大麻合法化運動を牽引する。2022年より MASATAKA として音楽活動を開始。2024年４月20日に１st アルバム『Smoking Never Kills』をリリース。先行発表された収録曲で高樹沙耶氏との共作である『Legalize it』は Spotify のバイラルトップ50（SNS でシェアされた件数を指数化したもの）で１位を獲得、TikTok で累計再生回数が２億回を超えるなど新人としては異例のヒットを記録している。

著書に『医師が教える CBD の教科書』（ビオ・マガジン）他。

カルト宗教の勧誘をマトリの奴らが支えてる
教えて誰か偉い人　これって問題ないですか？
統一協会ってすごい　国連の京都会議でも
スピーチさせてもらってる唯一無二のＮＧＯ
日本のダメ絶対財団　国連に多額の献金
はたして一体このお金どこから湧いてきたんだろう？

何かが変なんだ　何かが変なんだ
何がというのは言いづらいけどやっぱり変なんだ

近頃話題の使用罪どうやら本当にできるらしい
お疲れ様です厚労省　背後にマトリの捜査官
法案作るに先駆けて政治家にも根回し大事
自民党の議員が作る大麻撲滅プロジェクトチーム
映えある座長を務めてるのは神奈川選出田中和徳
どっかで名前を見たような気分がしたのでググってみたところ
川崎駅の構内の選挙演説で世界日報を配り
教団幹部と会ったことはないと嘘ついている記事が出てる

統一教会じゃん　またまた宗教じゃん
大麻はダメって言ってんのカルト教団じゃん

何かが変なんだ　何かが変なんだ
何がというのは言いづらいけどやっぱり変なんだ

作詞　MASATAKA, HAJI
作曲　MASATAKA, HAJI, Tite Tunes

Official Music Video
https://www.youtube.com/watch?v=kEWbhMXmCpE

何かが変なんだ（feat. HAJI）

何かが変なんだ　何かが変なんだ
何がというのは言いづらいけどやっぱり変なんだ

おかげさまで大麻の話いろんなところで続けて６年
危なくないよ怖くないよ薬としても役に立つよ
でもなかなか信じてくれない　いかがわしい奴だと思われる
世間様はダメ絶対！　をいまだに結構信じてる
それもそのはず学校行けば啓発ポスター書かされる
ハーブもシャブも同じものと知らない大人が教えてる
薬物にハマった人に向けたセミナーなんかも充実さ
でもよく見てごらん会場はサイエントロジー会館

サイエントロジーじゃんそれ新興宗教じゃん
トムクルーズも入ってる新手の宗教じゃん

何で新興宗教が大麻の悪口言うのかな？
これはオイラの意見だが畑が被っているんだな
薬物にはまる人達と宗教にはまる人達は
どっちも心に不安を抱え救いの何かを求めてる
だから薬物にハマった人の家族に優しくしておけば
そのあと入信させるのなんて簡単な話なんだろね
その他の新興宗教もやってないかと調べたら
出てきたあべのハルカスで噂の統一教会

新興宗教じゃん…ってかカルト教団じゃん
世間を騒がせまくってる犯罪集団じゃん

この人たちのセミナーには特別講師が呼ばれてる
定年退職した後の麻薬取締捜査官

統一教会の悪しき影響を断つ

誤って統一教会を日本に引き込んだ主要な人物は故笹川良一氏であり、氏は競艇や日本財団（旧日本船舶振興会）を立ち上げた大物右翼でありフィクサーでした。

私は、空手道を通じて良一会長ご本人とお会いしたこともありますし、また、私に様々な教育を幼少期より施して下さった恩師である佐々木一先生（先生の玄関表札は笹川良一氏直筆であり関係性がうかがい知れる）とのご縁により、氏のご親族との面識や親交もあり少々言葉にしにくいことではありますが、事の重大さをここに刻んでおきたいと思うのです。

1970年に日本武道館で行われた統一教会関連の政治団体「国際勝共連合」のイベント時での笹川良一氏の挨拶は、今の日本の政治に大きな悪しき影響を残してしまっています。その挨拶時、氏は胸を叩いて「私は文氏の犬である」などと……。

その影響によって、今もなお日本の政治家が次々に様々なかたちで買収されているのではないでしょうか。阿諛迎合（へつらうこと）を嫌う筈の氏が放った過ちの言葉が、まさに今この時代においても、その在り方と仕組みと慣習を残存させてしまい、世界は一家人類皆兄弟どころか、日本人が疲弊しきっていく礎となってしまっているのです。

氏は、座右の銘の如くに「水六訓」というものを名刺に記載し、水から得るところの叡智を啓蒙していました。おそらく戦国時代の武将黒田官兵衛のものをもじったものでしょう。その中に、〈清濁併せ容るの量あるは水なり〉という言葉があります。

現在の日本は悪しき宗教に国の要を乗っ取られ、濁りがじわりじわりと広まり、いよいよその濁りが極まっている様相を呈しているのです。

私はこれらの濁り（穢れ・気枯れ）を、皆様と共に祓い清めていきたい。

大麻草と祈りを通じて浄明正直、即ち浄き・清き、明るき、正しき、直きたるを取り戻し、この世界に蔓延る禍の元を断つ気概で溢れております。

病で困っている人たちに薬効高き大麻草を慈しみと共に上手に活用頂きたいですし、石油産業を大麻草に置き換えていくことも、産業の大改革となり地球への負荷を減らしていくことに繋がっていきます。

日本の古くからの神道は教祖や教義もなく、その祈りの中心は大麻草・言靈・意（命）であり、これは人類の多くに根付いている二元性思考を超えていける平和への鍵です。神道の根本心である浄明正直は、全人類が大切にしたい先天の性であると確信していきます。阿諛迎合と敗戦による奴隷根性を断ち、歴史を正しく認識しながら（照見）、望むべき世界を時と共に手に入れていきたいですね。

驚きの改善事例続々！
宇宙との調和へ導く大麻のエネルギー調整力

「大麻祓い清め術」施術者育成へ

荒の時代から麻の時代へ、まさに人類が変化の嵐を通り抜けているいまこそ、一人ひとりが実体験を通して神の植物・大麻と出会い、祈りの秘宝の叡智を取り戻すときです。

心と身体・気（祈り）・大麻草を深く理解頂ければ、必ずや地上から邪気を変容させていけます。

そのために、私たちが行なっている活動の一つが、大麻（精麻）を使った「大麻祓い清め術」の実践とその施術者の育成です。

皮膚と精麻を触れ（振れ）合わせ、祓い清めの古式法の理に則り作用させることで、邪気を消滅へと導くことができることを体験を通して知って頂きたいと思います。

現在、医療に携わる国家資格保持者や代替相補（補完）医療に携わる施術者などに原則限定し、日本の伝統的な「祈りと気」に関する秘儀の伝授をカリキュラムに導入し、施術者育成に励んでいます。これは、多くの治療家やヒーラーの泣き所でもある邪気・穢れ（気枯れ）の取り扱いについての根本的解決法の提示でもあるのです。

実のところ、大麻祓い清め術の手技は、資格保持者の先生方からすると難しいものではありません。しかしながら日本古来の「祈りと大麻草」は二つで一つであるところの伝統に違わないところ、術者が森羅万象の気との感応動交を深め、その感応力をクライアントさんに作用させる能力を開き磨くこと、ここが大麻祓い清め術を最大限に深められるかどうかの要となります。

改善事例、続々と／施術動画公開

地球上で最も強い祓い清めの力を持つ植物である大麻草は、その成分もさることながら、霊的なエリア、エネルギー体に強く働きかけることを得意とします。

先日「祓い清め術講座」にご参加くださった方は、膝に水が溜まっており、会場までの階段を苦労して上ってこられました。講座内で祓い清め術を体験していくと、滞った気が流れたことによって痛みがぐっと軽減し、帰りは階段を軽やかに下りることができたと大変驚かれていました。

講座や施術の現場では、短時間で変化が起こっていく様を目の当たりにしていますが、中でも、驚くほどの変化が起きた事例がありましたのでご紹介します。

【事例】脊柱側彎症（せきちゅうそくわんしょう）が劇的改善

クライアントさんは長年、脊柱側彎症の痛みや不調を抱えてこられた60代の女性の方です。病院では手術適応と言われながらも、術後の麻痺のリスクなどを懸念し、手術せずにいらっしゃったところでご縁が繋がり、大麻祓い清め術と出会われました。

私が施術したところ、1回目ではっきりと変化が見てとれるほど、劇的に改善した事例です。1週間後に2度目の大麻祓い清め術を受けられた結果、痛みからの解放、周りの人もびっくりするほどの変化が続いていると、感謝と喜びのご報告を頂きました。

幸いにも、1回目の施術模様が動画で記録されており、この度、ご本人の承諾を得て、動画と写真を共有させて頂けることになりました（次ページ&巻頭カラー写真参照）。

ぜひご覧になってください。

この事例について、大麻祓い清め術講座認定代表講師であり、また鍼灸師・理学療法士・社会福祉士など多くの国家資格を持つ辻本友樹先生から、数々の臨床経験を踏まえた上でご解説頂きます。

【事例】脊柱側彎症　60代女性

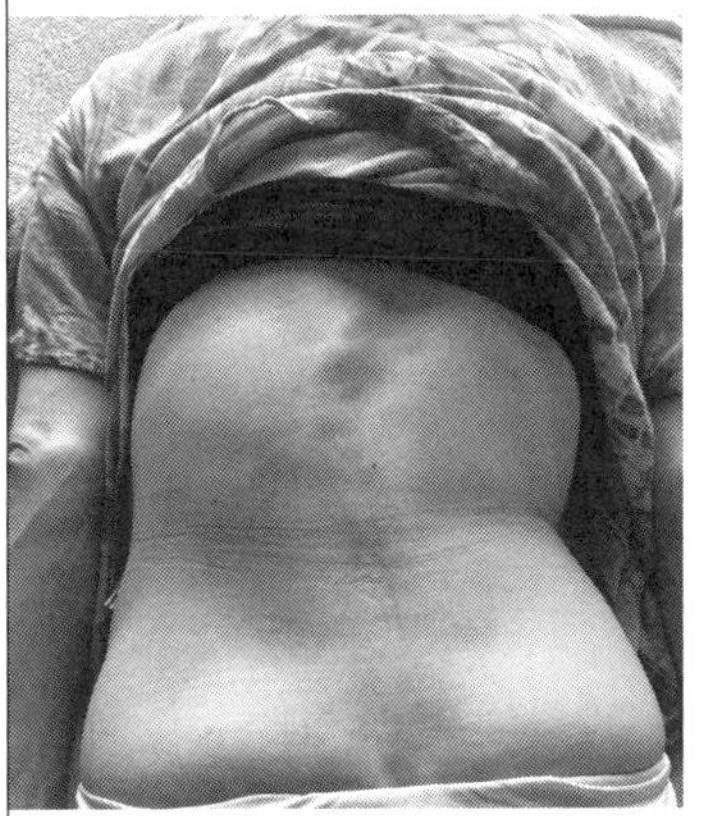

施術前

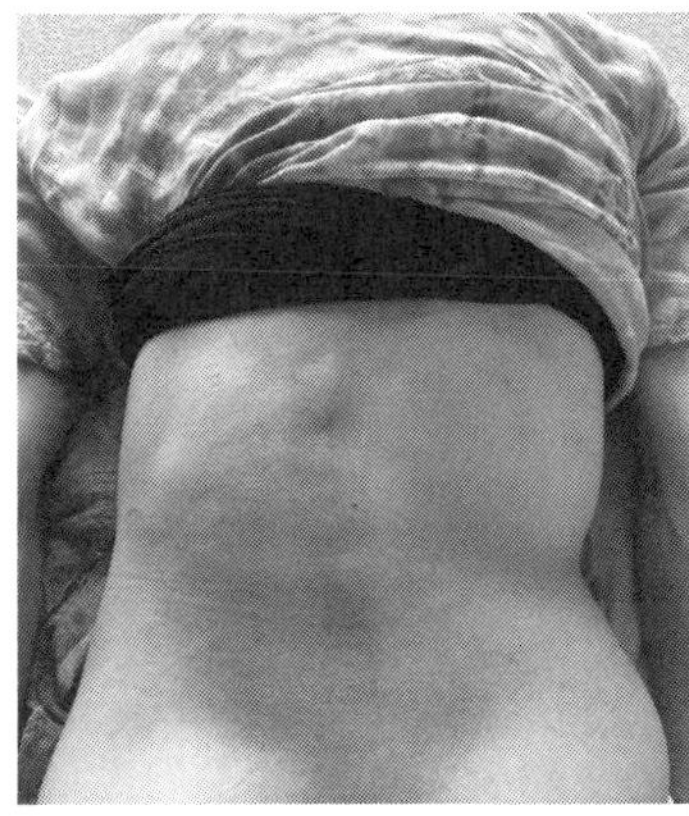

1回目施術後

大麻祓い清め術　施術模様　資料動画

https://hikaruland.net/qr/taimainori.html

特別寄稿②

側彎症に対する大麻祓い清め術について

辻本友樹

側彎症に対する医学的対応

脊柱を正面から見て左右に彎曲している状態を脊柱側彎症といいます。

側彎症にも種類があり、約80％が発症の原因が特定できない特発性側彎症です。側彎症により脊柱周囲や腰、下肢の痛みが生じたり、立位保持や歩行が困難、心肺機能の低下や逆流性食道炎などの消化器症状により日常生活に著しい制限が出る、或いは出るおそれがある場合は、装具治療や薬物治療、運動療法によって脊柱の側彎を進行させないように保存的治療を行います。

それでも症状が悪化する場合には、手術治療の適応となり脊柱の変形をチタンなど金属製の器具で矯正し固定します。日々、医学は進歩していますので身体への負担を軽減した手術法が考え出されているとはいえ、脊柱を直接固定するのですから大手術であることは否めません。

私は側彎症のリハビリテーションに携わったことが何度かあります。

特に脊柱矯正固定術後のリハビリテーションは、ベッド上で動けない状態から日常生活への復帰に至るまで約半年から一年かかることがあり、股関節や膝関節の人工関節置換術などに比べ術後リハビリテーションの経過は、痛みの再発や動きの制限などとても予後が厳しい症例が多いように経験上感じています。

側彎症による耐えがたい痛みや日常生活における支障がなければ、進行を予防するための保存的治療を行いながら様子を見る。これが側彎症に対する一般的な対応となります。

大麻祓い清め術による側彎症へのアプローチ

本間先生が側彎症による痛みでお悩みの方に大麻祓い清め術を行った動画と写真を見てとても感動しました。

私はその場にいませんでしたが、本間先生とは何度も大麻飾り職人養成講座や大麻祓い清め術講座でご一緒させていただいております。講座においても大麻の祓い清めの素晴らしさを何度も目の当たりにしておりますので、大麻の祓い清めと本間先生、そして、それを信頼されているクライアントさんという「自ずと直っていく」条件が揃っていましたので、写真や動画でも確認できる脊柱が直っていく奇跡的な現象が起こったことは容易に理解できました。

クライアントさんのご友人が動画を撮られていましたが、途中で、

「なんでさぁ先生の手がこっだに（そんなに）真っ黒になるの？

何か悪いものがこっちに……」

と驚いておられます。

動画の中では本間先生の精麻を持つ右手が激しく揺れています。手技として激しく揺らすのだなと思われるでしょうが、そうではありません。あの動きは本間先生の意思で行っている動きではないのです。

この時の施術について本間先生に直接お聴きしました。

「いや～ほんとうに驚きました。やっぱり大麻の祓い清めと神々の気は凄いですね」

これは本間先生の言葉ですが、側彎症及びその症状を治そうという意識で施術していないということがお分かりいただけるかと思います。

では、何をしているのでしょうか？

陰陽五行の気が調和した状態へ

東洋医学では大宇宙（神々、大自然、森羅万象）は、陰陽五行（木、火、土、金、水）の気で構成されており、大宇宙の構成因である人間の中にも小宇宙（陰陽五行の気）が存在すると考えます。

この陰陽五行の気が絶え間なく巡り調和している状態が幸福で健康な状態なのです。

しかし、陰陽五行の気を病ませる（＝病気）原因は様々にあります。その中で人間の五感（視覚、聴覚、嗅覚、味覚、触覚）や医学、科学の力だけでは捉えられない無形の原因を邪気や穢れ（気枯れ）と呼びます。


大麻祓い清め術は、この邪気や穢れを精麻によって祓い清めて（この時は皮膚を精麻で摩（さす）ります）クライアントさんの心身に広がる陰陽五行の気を巡らせ調和していくことで、人間誰しもが持つ「自ずから直る力」を再び発揮できるようにサポートをします。

この祓い清められた邪気が、クライアントさんの患部（皮膚）に留めた精麻を通じて本間先生の手の方向に移動した時に生じたのが、精麻を激しく揺さぶっている他動的な動きなのです。

この時、邪気を精麻で祓い清め身体から抜いただけではなく、皮膚の外に広がる大宇宙の神々の気も精麻に依ってきて邪気を正気に転じ、クライアントさんの心身を構成する陰陽五行の気と感応することで、気を巡らせ調和に導いていきます。

ですから、施術中に黒くなった手はすぐに元に戻っていきます。精麻が邪気と神々の気との仲介役を担ってくれるので、施術者に邪気が移動しないことも大麻祓い清め術の重要な特徴といえます。

奥義は「治そうとし過ぎない」姿勢の中に

このような反応が施術中に起こった手の動きであり、「いや～ほんとうに驚きました」という本間先生の言葉は、古から伝わる大麻の祓い清めの叡智と大宇宙の存在、クライアントさんの自ずから直ろうとする力を素直に信頼し受け止める姿勢から自然と出たのであり、

「治そうとし過ぎない」

という、誰しもが真似できそうで簡単には真似できない大麻祓い清め術の奥義なのです。

科学や医学は日進月歩しており、救われなかった命が救われ、物理的な便利さ豊かさも

人間の欲望も止まるところを知らないかのように膨張しています。

しかし、特発性側彎症のように側彎症の約80％が、また、人生に一度は誰もが経験するといわれる腰痛症も約85％が非特異的腰痛症と分類されるなど、原因は「なんだかわからない」ことがほとんどなのです。

大宇宙はもちろん、小宇宙である人間もまだまだ不明なことで溢れています。

科学や医学の進歩に敬意を払いその恩恵を必要に応じて享受しながら、なんだかわからないけれども、人智を遥かに超越する大宇宙、神々、大自然、森羅万象などと称される陰陽五行の気で自分自身も他者も構成されているのだと気づくことができれば、大麻の祓い清めの叡智を日々の幸せや健康に大いに役立てることができるのです。

令和6年7月21日

能登より「神社の鈴緒」復活の狼煙を上げる！

令和6年夏より、新たなるミッションを掲げ、活動開始する運びとなりました。

それが、光り輝く精麻の鈴緒(すずお)を日本全国に復活させようという試みです。

神社の顔とも顕すべき鈴緒〈参拝者が振る鈴が付いた縄〉が、全国各社においてボロボロに朽ちかけており、これは祈り〈祓い清め・産靈〉を顕現するための神社システムとしては大変由々しき問題となっております。

他章でも記しましたが、鈴緒の「緒」とは、まさにへその「緒」がそうであるように、繋がりや結びを顕す一字・一音。

神々の世界であり目には見えない〈常世〉と、人々の世界であり目に見える世界である〈現世〉、日本の大麻草は、この二つを結ぶ架け橋として大切に神社で護持されてきたのです。
鈴緒を「振り」「触る」ことによって、そのフィールドと自身の祓い清めがなされ、鈴の音と麻が揺れる清き振動…それらの音連れ（おとずれ）によって神々が訪れ、私たちは神々と結ばれていくのです。

大麻草と言靈と意・命の力を以て、常世にそして森羅万象に畏怖と敬意を表する神道は、日本人だけのためにこの国で大切にされてきたのではありません。

来るべき世界の大変容・大調和のために熟成させたワザであり叡智、そして、それを活かすべき時が、まさに今この時に到来しているのです。

能登国二之宮である天日陰比咩神社（御祭神・屋船久久能智命＝草木の守護神）を皮切りに、全国各社へ光り輝く麻の鈴緒へと修繕をはじめてまいります。全国数万社ありますから、人生を懸けて取り組んでいくことになります。

全国各社の鈴緒を精麻を以て修繕していき、國體に神々の力を降臨させていきましょう。皆様と力を合わせるその時を楽しみにしております。

全国有志から集まった能登半島地震への災害義援金を
「天日陰比咩神社」禰宜・船木清崇氏に贈呈

石川県中能登町にある「久氐比古（くてひこ）神社」の鈴緒を修繕する著者と、一社）日本燦々大麻飾り講座代表講師・秋田真介氏

一般社団法人　日本伝統大麻奉納会
https://taima-hounoukai.com/

第7章

実践！精麻を使った日々の祓い清め

『大麻草と和のマジック～祓い清めと意図の力WS（ワークショップ）』より
（講師：本間義幸／2020年秋ヒカルランドパークにて開催）

日々できる祓い清めと結界の張り方

——『大麻草と和のマジック〜祓い清めと意図の力』ワークショップ会場では、本間義幸先生が「ひふみ祝詞」を奏上し、凛とした空気に包まれます。参加者の皆さんも精麻を手にし、祓い清めの実践が始まりました。

ではこれから、形而上に働きかけて、皆さん一人ひとりの肚意（意図）、直靈と繋がっていくやり方をやっていきましょう。

きょうは皆さんに精麻を3枚お渡ししてあります。

精麻は大麻の皮の部分ですから、普通、1枚で、生えている大麻1本だと思うと思います。違うんです。これは大麻が何本か重なっています。3枚、4枚、幅のあるものだと5

枚くらい重なっていて、麻農家さんがつくってくださっています。

この精麻は、農家さんや問屋さんから届いたのちに、私が瀬織津姫の靈験あらたかな靈水で1枚1枚なめし、形を整え神事用に仕立てたものです。

即ち、この精麻は、「天津祝詞の太祝詞事」と「瀬織津姫が大海原に持ち出でなむ」の言靈・祝詞にのっとっていますから、祈りの感応力としては最高のものと自負しています。

この3枚の精麻を使って、日々の祓い清めのやり方と、簡単にできる結界の張り方をお伝えしていきます。

現代には、穢れの原因が溢れている

ひと昔前までの穢れの原因は、主にネガティブな人間関係による気の交流がほとんどでしたが、物質文明が極まった昨今では、行きすぎた電気消費によるところの穢れが心身に影響しています。

現代における穢れをあげると、例えば、

携帯電話、パソコンの電磁波

テレビの音周波数、情報

日々自らが発する言葉

他人から聞かされる言葉

負担のかかる想念の飛ばし合い

偽りの教育や政治

自らの行動、他人の行動による穢れ

社会のシステム

など、あげればキリがないほどに日常空間の中には、穢れが溢れすぎています。

それによって自らの純粋性と実際の生き様との葛藤に多くの方々が疲弊しているのが、現状と思われます。

人間は、善くも悪くも「触れる」ものの影響を受けて生きてゆきます。

五感、特に耳から入る情報、目から入る情報、肌身から入る情報が、人間の心身・意識に対して大きな影響を及ぼしていることは、誰もが理解していることです。

これは、幸・不幸の感覚に影響してゆきます。


「人事を尽くして天命を待つ」という諺（ことわざ）がありますが、

「大麻で祓い清めながら天命を自覚し、天命と共に人事を尽くす」

とコトはダイナミックに動き望む現実が生じてゆきます。

【祓い清めの実践】

結界をつくる

まずは結界を張りましょう。
結界は自分自身が自分自身であるためのフィールドです。

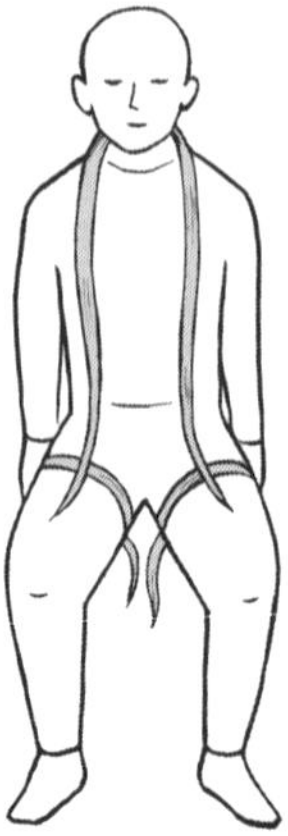

<精麻２枚による結界の張り方>
①１枚をお尻で踏んで内ももにかける
②もう１枚を首からかける

図A〔結界の張り方〕

精麻を1枚とって、それを自分の椅子に敷いて、お尻で踏んでください。お尻で踏んだら、精麻の両端をそれぞれ左右の太ももの内側に入れてください。

そしたら、もう1枚精麻をとってください。それを首から下げます。

この形をまずつくってみてください（図A）。そうすれば、皆さんは自分自身の神聖なるフィールドを確保することができます。

この方法は、密教や神道でつくる結界と同じ作用をもたらすことが可能です。麻の結界が張られたフィールド上では、穢れは祓われやすくなり、自身の肚の意を理解していきやすくもなります。

どこを祓うか

私たちはストレスをどこで一番感じているのか。これは大体決まっています。

まず目です。視覚でモノを見ますからね。

それから耳。音でストレスを受けます。いろいろなところからいろいろな周波数が飛んできます。人の念は音で聞かされます。見たり聞かされたりというのは、なかなか拒否することができないんです。

あと皮膚。皮膚は微細なものを感じます。皮膚は目でもあるのです。中枢神経と同様に外胚葉から出来上がっていて、即、中枢神経に働きかけます。

嗅覚と味覚は、逃れることができるから、そこまでストレスを受けません。毎日食べさせられたり、嗅がされればきついですけれども、それは拒否することができますから、「いやあ、あの味が忘れられなくてPTSDだ」「あのにおいがヤバくてPTSDだ」ということはあまりないです。(笑)

だから、祓うのは、目、耳、皮膚、自分自身の穢れが溜まりやすい百会(ひゃくえ)(脳天)、頸椎の1番から3番、後頭骨、あとお尻のところの仙骨です。ここを祓っていくことで、私たちはほぼ穢れを祓うことができます。邪気を外すことができます。

きょう外すと、その外した感覚がスタンダードになっていきます。また穢れます。また外します。そうすると、何が穢れなのかということがどんどん理解されていきます。

「はらえ」は、「解除」であることはお伝えしました。解いて理解して除く。解いて理解しなきゃいけない。理解すると、穢れからどんどん遠ざかっていくようになります。

禍ないし穢れたるものをすべて転じていく。そして、水に流す。因縁が消える。知恵だけがどんどん統合されていく。知恵を結んでいく、命の法則性、宇宙の法則性を結んでい

図Ｂ〔手のひらにおさまるように精麻をまるめる〕

く、これが日本の大麻の秘儀です。

では、やっていきましょう。もう1枚、精麻が残っていると思います。それを手のひらにおさまるぐらいの大きさに丸めてください（図B）。

今から日々の祓いのやり方をお伝えしていきます。

側頭部を祓う

私たちはどこでストレスを感じるのか。さっき言ったように主に目とか耳です。目や耳からストレスを感じると、側頭葉で感じます。穢れが反射して側頭部に硬さが生じるんです。そして、側頭部から顔に波及してきます。毎日ストレスを感じている方は、だんだんいかめしい顔になっていきます。ですからまず側頭部を祓います。

祓いは、もともと麻を引く、ないしは麻で撫でるのが古来のやり方です。大麻が罪・穢れを吸い取るというか分解してくれます。消してくれます。そして、真釣り合うところに転じてくれます。やっていきましょう（図C）。

丸めた麻と皮膚、肌を合わせて、前、後ろ、前、後ろというふうに動かします。

そのときに圧を少し加えます。ここがすごく大事です。圧を加えて揺らすということなんです。「ふるべゆらゆら」、揺らすというのは神々の動きを誘う動作です。揺らされると分解する。揺らされると動く。何でもそうです。揺らさないとダメ。振らなきゃいけない。どこを祓うときも、麻を動かすのは大体20～30秒です。ここも20秒ぐらい振ります。とにかく軽く圧を加えます。

20秒ぐらい振ったら、止めます。大事なことは、ここで止めをつくるということです。「まつり」のもう一つの語源は、「待つ」という意味です。神の降臨を待つというところから、「まつり」の語源になっています。必ず待たなければなりません。

ここはものすごく大事です。これは残心のことでもあります。

待ってから離します。

反対側もいきましょう。

同じように、手のひらに丸めた麻

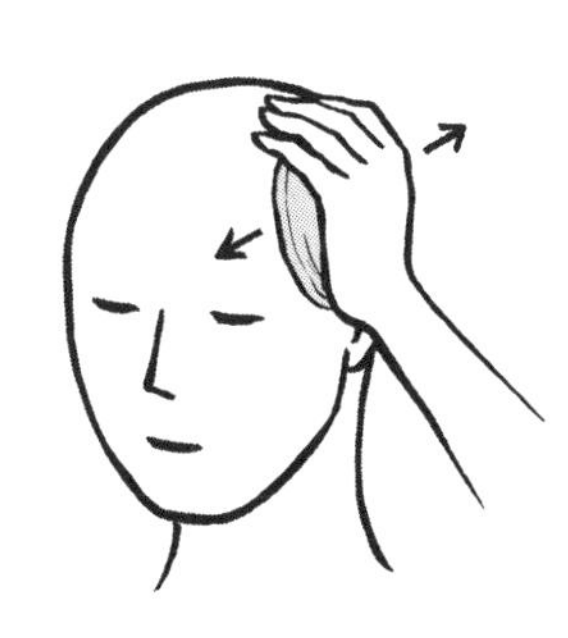

① 丸めた精麻を当てる
② 少し圧を加えながら
前後に20秒~30秒揺らす
③ 止めて、少し待つ
④ 反対側も同様に行う

図Ｃ〔側頭部を祓う〕

をおさめて、側頭部にピタッと合わせます。

前、後ろ、前、後ろで揺らします。ゆらゆらさせる。ゆっくり揺らすのではなくて、割と速いスピードで揺らしてみてください。

止めます。待ちます。

離します。

何かちょっと変化を感じた方はいますか。何かポヤーッとした感じが少しあるかもしれません。

耳を祓う

次は耳を祓いましょう（図D）。耳は、いろいろなものを聞いてきたし、聞かされてきました。今のコロナ禍もまさにそうです。耳から入る情報で恐怖をあおられているわけです。

同じように丸めた麻を手に持って、麻の輪が耳にピタッとはまるように合わせてください。

また同じように揺らします。とにかく揺らすことが大事です。揺らすと動きます。

止めます。待ちます。

離します。

「ああ」と声を出してみてください。――今、祓った右耳と、祓わない左耳とで、感覚の違いを少し感じられる方もいるかもしれません。

反対側の左耳もいきましょう。

麻を耳にはめます。

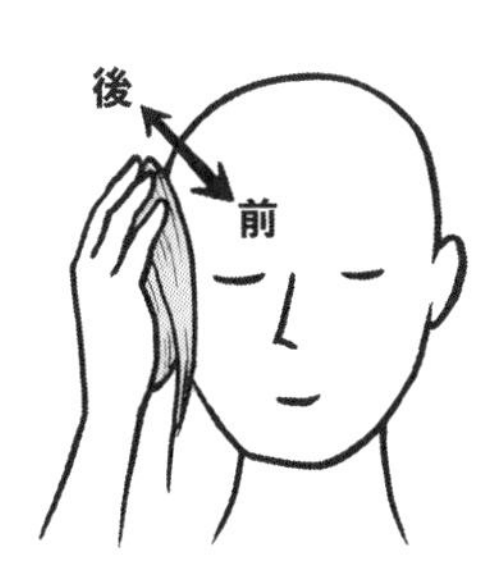

丸めた麻の輪に耳がはまるように押し当て、前後に揺らす

図D〔耳を祓う〕

揺らします。

止めます。待ちます。

離します。

どうですか。ちょっと聞こえ方が変わってきた、耳が何かクリアになってきた感じがすると思います。

これなんです。五感がさえ渡っていく。

目を祓う

目を祓います。メガネをかけている方は外してください（図E）。

目をやるときは、幅を持たせたいので、丸めた麻を広げて目に当ててほしいんです。麻を広げて、目に当たるぐらいの幅をつくります。丸い空間のほうではなくて、精麻の繊維のほうが目に当たるようにします。

目に当てたら圧をかけます。ある程度圧をかけていいです。

そして、上下に動かしてください。とにかく動かしてください。ただ当てただけじゃ祓われない。動かさないと祓われません。必ずゆらゆら動かす。神道では「ゆらゆら」がすごく大事なんです。

止めます。ここでやっぱり待ちます。

離します。

だんだん感覚がクリアになってくるんじゃないかと

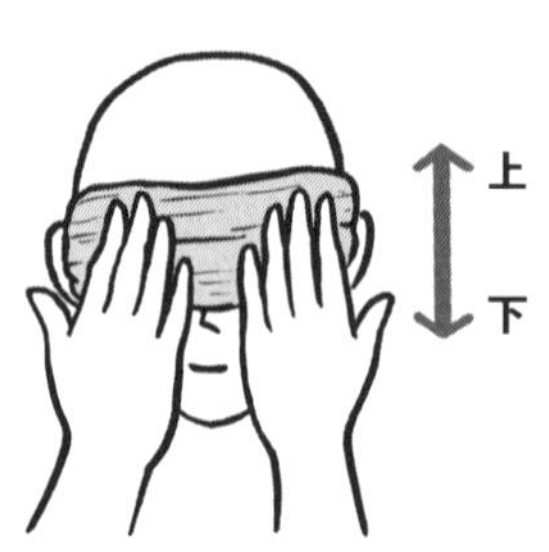

精麻の面をしっかり当て
上下に揺らす

図E〔目を祓う〕

思います。

喉を祓う

次は喉を祓います（図F）。

喉は、頭と肚の橋渡しの場所です。音を出す場所なので、すごく重要です。本望と出てくる言葉に不一致が起こると、ストレスになります。

おべっかを使ったり、本当は「ん？」と思っているのに、「すてきですね」みたいな、思ってもいないような話をしてウェッとなっちゃって、後でせき込んだりする。ありませんか？ そういうこと？ 言わなくてもいいことは言わなくてもいいわけですけれども、何かモヤモヤしちゃったりする人もいるかもしれません。

やってみましょう。

目を祓うときと同じように、幅を持たせ、精麻の繊

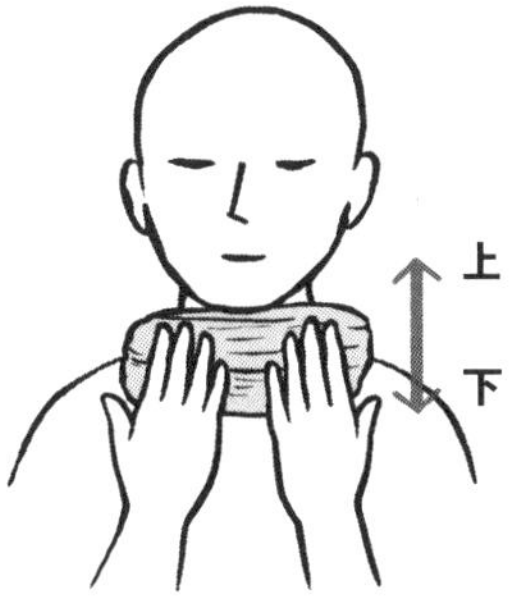

上下に揺らす

図F〔喉を祓う〕

維のほうを喉に当てます。

上下に揺らします。これは軽く撫でるように優しくやります。あまり圧を加えると苦しくなります。

止めます。待ちます。

離します。

これをやり続けると、本当のことしか言えなくなりますよ。人によっては、もしかするとトラブルが起こるかもしれない。でも、それは自分を生きるためのいいトラブルです。トラブル、即、悪と思ってはいけません。本当の自分を生きようと思ったら、本望の言葉を発しなければいけないこともある。これをドイツ哲学では「ファンク」と言います。もしかしたら思いもよらぬ展開になるかもしれない。でも、安心してください。大丈夫ですから。

横隔膜を祓う

人生において抑圧してきた感情を解き放つ必要があります。

抑圧してきた感情はどこに溜まるのでしょう？　実は横隔膜に溜まってしまうんです。溜まると横隔膜が硬くなります。硬くなると呼吸が浅くなってしまう。肩が横隔膜に引っぱられ、背中が丸くなってしまう。これはすべて、横隔膜に消化できなかった感情を溜め込んだせいです。きょうは服を着ていて直接やれませんので、やり方だけお見せします。もちろんやれる方はやっていただいて構いませんが、おうちに帰って、直接素肌へやっていただければ最高にいいです（図G）。

横隔膜は、胸郭の一番下、肋骨の下にあります。片方の肋骨の下に麻をちょっと食い込

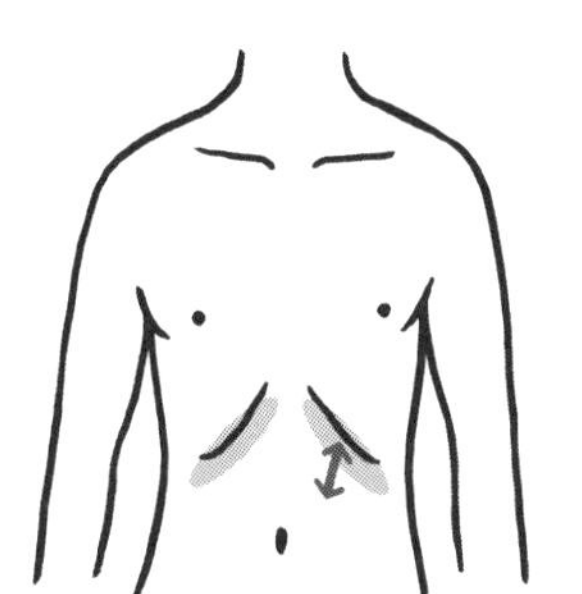

肋骨の下に精麻を食い込ませ、上下に揺さぶる

図G〔横隔膜を祓う〕

ませます。斜めに、中にちょっと入れます。食い込ませることが大事です。食い込ませないと、効果があまり出てきません。

その状態で縦に揺さぶります。小さく揺さぶるというか、できる範囲で割とダイナミックに揺さぶってみましょう。そんなに力を使わなくてもいいです。リラックスしてやればいいです。

止めます。待ちます。

離します。

これは実は服の上からでも効果があります。体だけではなくて、心、意識にまで作用するからです。

横隔膜が祓われ緩めば、体幹の形が変わります。5年間、10年間、何十年分でも、溜まったものをこれで外していきます。神道の祓いの知恵はすごい知恵なんです。

反対側にいきましょう。

同じように肋骨の下に食い込ませて動かします。

止めます。待ちます。

離します。

深呼吸をしましょう。たぶんさっきより呼吸が深くなった方のほうが多いと思います。

呼吸が深くなると、副交感神経が動きやすくなります。

腹を祓う

次は、本望を知りたいとき、自分の肚を強化したいときにやっていただきたい祓いです。

おへそのすぐ下、指2～3本ぐらい下のあたりの丹田に麻を置きます。精麻の繊維のほうを当てます。可能な方は服の中に入れていただいて構いません。

その状態で、上、下、上、下と動かします。丹田が強化され、姿勢が整うことで自らの本望に気づきやすくなるでしょう。

止めます。待ちます。

離します。

頭頂（百会）を祓う

次に頭のてっぺんを祓います（図H）。

麻を頭頂に載せます。

その状態で、麻を左右に動かします。ビジュアル的にちょんまげみたいになってませんか？　大丈夫ですか。（笑）

止めます。待ちます。

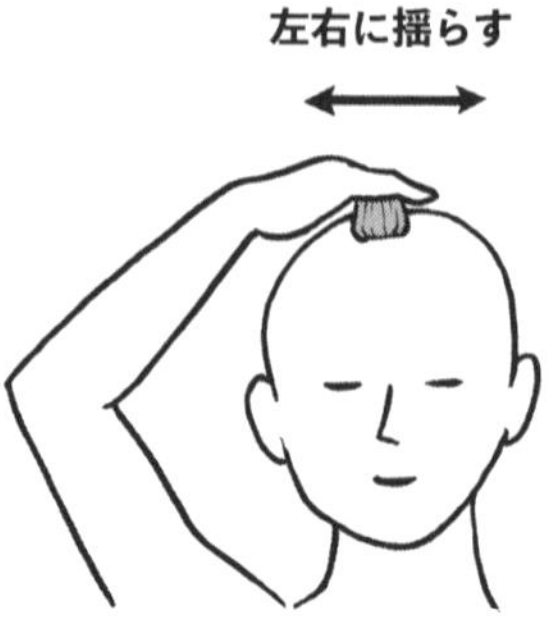

離します。

ここまでの側頭部・耳・目・喉・横隔膜・腹・頭頂の祓いを、一つのセットとしてやってほしいと思います。

図H〔頭頂（百会）を祓う〕

時間に余裕があるときに行う祓い　首

今からお伝えする祓いは、時間に余裕があったらやっていただければいいと思います。
精麻を伸ばしてください。それを後頭部のへこんだ場所（ぼんのくぼ）の上のあたりに当てます。麻を持つ手は顔の前あたりでしょうか。麻の角度は45度ぐらいになりますね（図Ⅰ）。

その状態のまま、左右に揺らしながら次第に下げていきます。首の真ん中あたりまで下げたら、また次第に上げていきます。この動作は一気にやらないで、ちょっとずつジワジワやっていってください。摩擦でちょっと熱くなるので、やけどをしないように気をつけてください。

また下げていって、上げていきます。

もう一回下げていって、上げていきます。この動作を3回やるといいです。

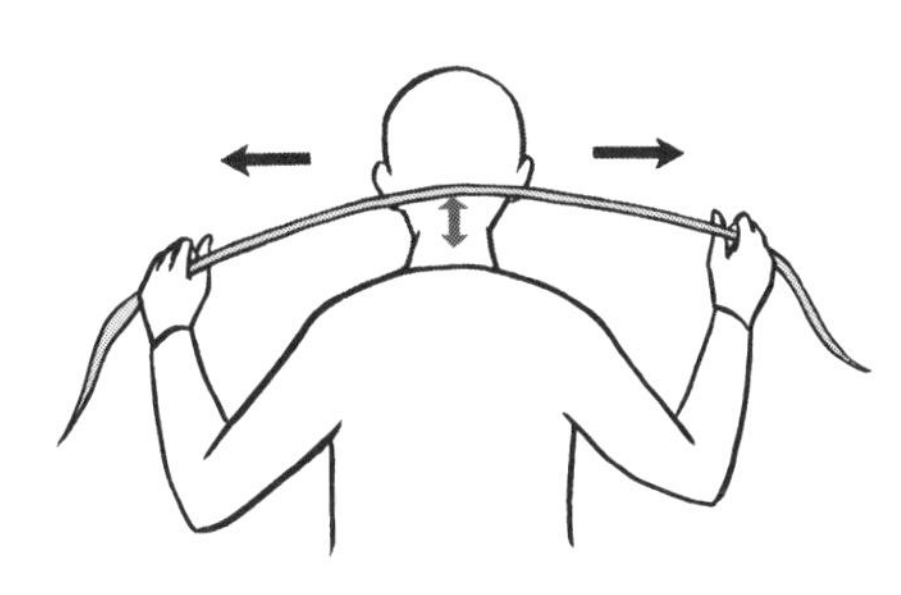

伸ばした精麻を左右に引き、こすりながら、ぼんのくぼから首の真ん中まで上下に動かしていく

図Ⅰ〔後頭部から首を祓う〕

止めます。待ちます。

離します。

皆さんは、誰かに頼りすぎることなく、自力で穢れをどんどん流していけます。

時間に余裕があるときに行う祓い　尾骨

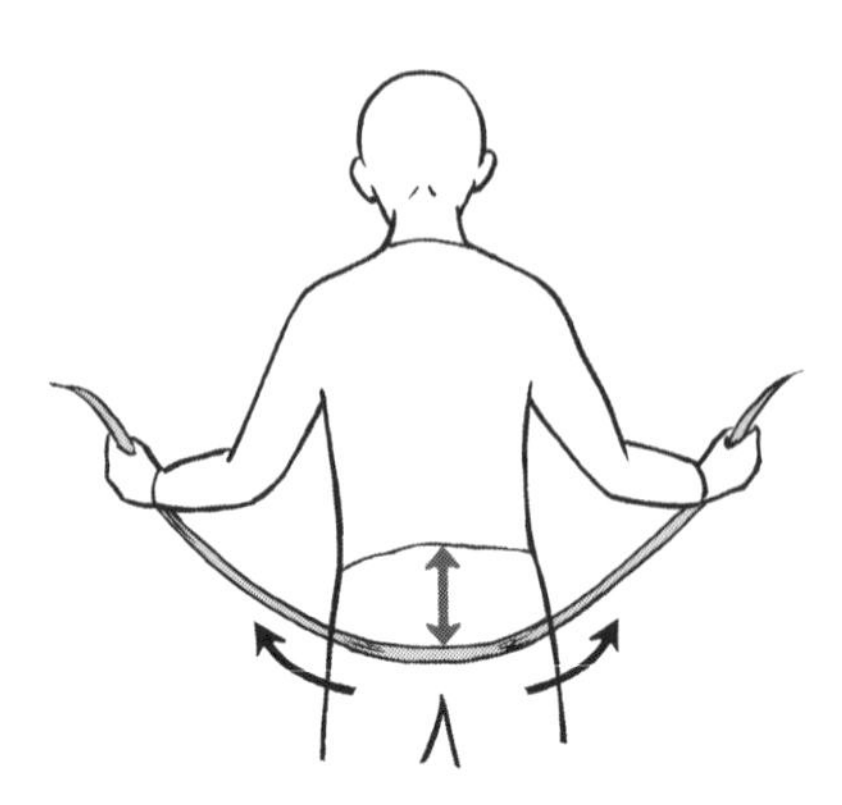

伸ばした精麻を左右に引き、こすりながら、
尾骨から腰までの間を上下に動かしていく

図Ｊ〔尾骨から腰を祓う〕

もう一つ、イライラしやすい人は絶対やったほうがいい祓いです。

お尻に尾骨があります。尾骨に伸ばした精麻を当てて、左右に動かしながら下から上に上げていきます（図Ｊ）。

おおよそ腰のあたりまで上がったら、ここで止めて、また同じように麻を左右に動かしながら下に下げていきます。

また上げていきます。腰のあたりまで上げ

終わったら、また下げていきます。

止めます。待ちます。

離します。

祓いの継続に当たって

時間がないときは、目と耳だけとか、頭の部分だけとかいうことになるかと思いますが、5分ぐらいで終わる祓いですから、5分の時間もとれないということはないと思います。

もし、麻に触る元気もないということでしたら、それはよっぽど疲れ（憑かれ）ているということ。注意が必要です。きょうここで祓いをやってすがすがしい状態だと思いますから、これを今のスタンダードにして、ここから疲労しすぎないように日々祓いを継続していってください（図K）。

次第に穢れず疲れない生活のリズムと意識を獲得していけるでしょう。

「きょうはここをちょっとさすりたいな」と思ったら、どこでも自在にさっきのやり方でさすってください。先ほどは特に効果が出るポイントをお伝えしました。それ以外の皮膚

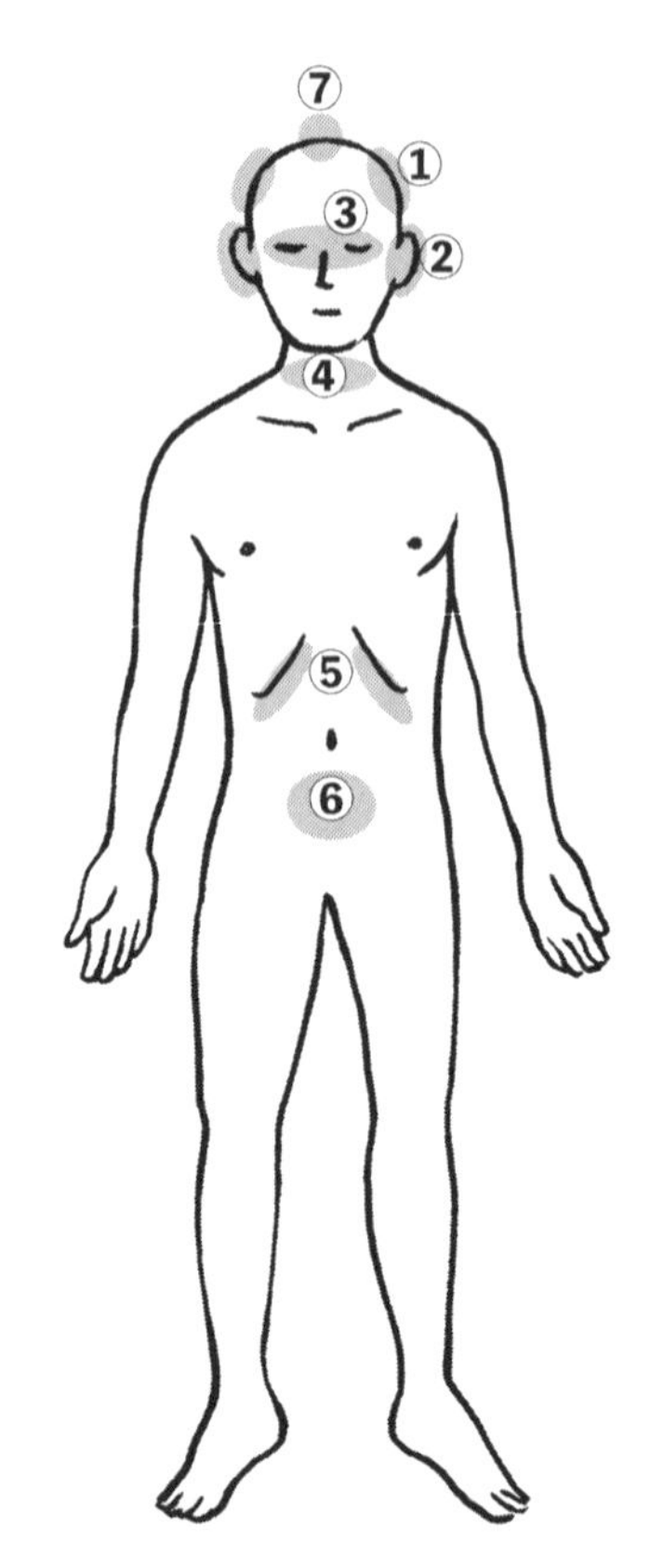

< 祓いの基本箇所 >

① 側頭部
② 耳
③ 目
④ 喉
⑤ 横隔膜
⑥ 肚（丹田）
⑦ 頭頂（百会）

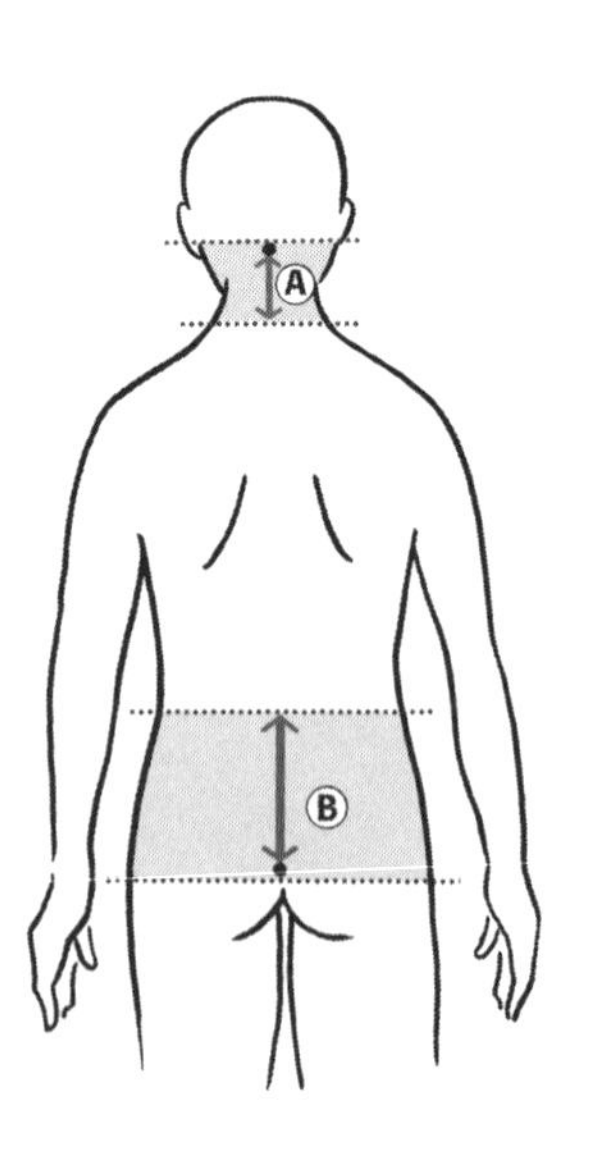

< 時間に余裕があるとき >

Ⓐ 首 …… ぼんのくぼから首の真ん中あたり

Ⓑ 尾骨 …… 尾骨から腰のあたり

★ 皮膚はいつでもさするとよい

図K〔日々の祓い〕

を全部サーッとさすってみてください。ないしは、誰かさすってくれる人がいるのだったら、それは幸せです。全身をさすってもらって、最後にちょっと待ってもらう。ものすごく軽くなります。

本日お伝えした手法や部位の取り方などは、私が東洋医学や伝統医学で培ってきた経験と知識によるところが大きいのですが、祓い清めの根本は、日本の大麻の叡智です。

毎日やってみてください。穢れが祓われるということは、現実が変わるということです。それは１００％断言します。

この祓いがみんなに広がっていくといいなと思っています。

水に流すタイミング

祓い清めを継続していきますと、皮膚との摩擦により、精麻の繊維が細くなっていきます。

細くなっていきますと、肌と精麻の接地点が弱くなりますので、祓いの力が弱まりますから、その際には、古来からの神道作法にのっとり水に流して下さい。

そうすると精麻が水の中の微生物を活性化し、地球を祓い清めてくれます。そして、最後には分解されてまた自然にかえっていきます。祓いはそういう循環の中にある智慧なのです。精麻を交換するタイミングは一人ひとりの使用頻度によっても変わってきますので、個々で判断してください。

では、祓い清めの実践法についての私のお話はこれで終わります。

【質疑応答】

問A 祓うのは、左右どちらからでもいいんですか。

本間 どちらからでもいいですよ。神道では左から祓うものがありますけれども、右から祓うやり方も実はあるんです。だから、どちらからでも。そこはこだわらなくても大丈夫です。

問B 麻を家族共用で使うのはどうでしょうか。

本間　厳密には大丈夫なんですけれども、何か起きたときに、「おまえの邪気が来たんじゃないか」みたいな誤解が起きたら嫌なので、（笑）精神衛生上、一人ひとりのほうがいいのかなと思います。

問C　流せなかった場合、神社で年の初めに行うお焚き上げで一緒にやってもいいんでしょうか。

本間　もちろんいいと思います。ただし、お焚き上げまで、しばらく家にあります。それまでは仕舞っておくといいと思います。他にも土に埋めても土の微生物が元気になりますし、また最後は地球にかえります。

問D　祓いのタイミングは、朝がいいとか、夜がいいとか、何か特別にありますか。

本間　可能なら朝と夜がいいでしょうね。朝、始まりのときにすがすがしく、夜は一日のいろいろな活動によるものを落として寝る。朝晩やれたら最高ですね。

問E　祓うときは素肌にやったほうがいいんですか。

本間　服の上からでも作用しますが、家でやるのだったら素肌のほうがいいでしょうね。より効果的です。

問F　真言を唱えることを日課としてやっています。祓いもやってもいいんでしょうか。神と仏になってしまうんですが。

本間　それは全然大丈夫です。どちらもやればむしろ最高です。もともと神・仏は習合していました。祓いは宗教儀礼でもあるんだけれども、そこから祓いの叡智を抜き出して体を清めていく、体を楽にしていくという意図もあるので、習合させるのは一番いいと思います。精麻で撫で擦りながら、真言を唱えるのも、とてもよいと思います。

問G　祝詞と祓いは一緒にやったほうがいいんでしょうか。

本間　祝詞は、結界を張ったのちに奏上してもいいですし、精麻で撫で擦りながら、祝詞を響かせても構いません。いずれにおいても、その意図が心身と意識に響くはずです。自由に行ってみてください。

問Ｈ　きょう教えていただいた、先生が編み出した祓いの方法は、世の中に広まっているんですか。

本間　先ずお伝えしておきたいのは、祓い清めはそもそも神道の作法であり、私が編み出したわけではありません。私は、東洋医学や伝統医学に精通しつつ、尚且つ祈りに基づいた行動を重要視しています。私は、神職でも無ければ僧侶でもありませんので、一個人という立場からこういうお話をダイナミックにしていますけれども、だからこそ、発信できる事はあるのかなと思っています。

今はまだ、大麻祓いの叡智は、宗教儀礼としての印象が強いかと思います。災厄に見舞われたときばかり、神様に祈ったり祓ってもらったりというのではなく、多くの人々に、日々祓い清めることの価値に気づいていただけたらと思っています。

大麻祓いは悪味悪行を断つことに役立ちますから、健康にもいいですし、邪気で人を巻き込むこともなくなっていきます。私は、大麻の祓いのことは少しずつ伝播していけばいいと思っています。その知恵の伝播は今始まったばかりですが、やり方としては古いものだと思っていただければと思います。

問Ｈ（続）　逆に世の中に知らない人が多すぎる。

本間　世の中の人たちはほぼ知らないです。大麻と祓いがイコールで結びつかない。大麻と言えば、瞬時に「＝麻薬」、そっちに行く。99％の人が「大麻＝麻薬＝非行＝逮捕」で、「大麻＝祓い」には行かないんです。大麻の祓いは、すごく難しいことだけれども、大変価値のある叡知だと思っています。

問Ｈ（続）大麻の祓いが認知されていないという意味では、ＧＨＱの話も出てきましたけれども、今の世の中、ＧＨＱの戦略が見事にハマっちゃっているということですね。

本間　もちろんそうじゃないでしょうか。私は、大麻の祓いを取り戻しながら、大麻取締法自体がなくなればいいと思っているんです。規制されるということは未熟だということですが、もともと規制もへったくれもない、法律自体がなかったんです。ただただ大麻があって、ただただ自由に使っていたんです。

その状態に戻すということは、その先にはもちろん基地問題をはじめとする政治の問題が出てきます。日米の関係性も出てくるし、日中の問題も出てきますが、初めに精神性ありきというところで、大麻取締法はしっかりと撤廃に持っていく。ただただ大麻があるというところに持っていく。私は大麻の先を見ています。

問I　結界を張りながら瞑想するというのはどうでしょうか。

本間　それはとてもいいと思います。まず祓いありきなので、祓った状態で瞑想する。祓いのない状態での瞑想は、穢れの波動、周波数が内側に入るのを邪魔するんです。まず祓いありきで、それから何かしらのメディテーションをすると、スーッと内側に入っていって、すごく深まると思います。

問J　ちょっと変な質問かもしれないのですが、精麻がないと祓い清めはできないでしょうか。というのも、友人に熱心な方がいて、毎日「ひふみ祝詞」を唱えているそうなんですが、たぶん精麻は使っていないんですね。やっぱり精麻がないと効果は薄まりますか？

本間　ここでの祓い清めとは大麻と言靈・祝詞によって穢れを消滅に導く叡智のことをお伝えしています。水や火や塩による禊祓いというのもありますが、先ずは大麻の力を、是非体感いただき、そして祝詞と両方を活かしていかれたらよいと思います。

そして言葉を変え視点を少し変えるならば、祓い清めというのは、「滞りのない様」「生命の道理に則った巡り・循環」を現象化させる作法・手法と表現することも可能です。その力は、実のところ自分自身にすべて宿っているものです。それは、深い呼気であったり、正しい排泄であったり、発汗であったり、感情の浄化であったりするわけです。

本来人間が備えている機能や精神性を目覚めさせる起点として、神道の叡智や大麻の本領が役立つことをお伝えしているのですが、三種の神器然り、十種の神宝然り、カンナビノイド然り、それらは、すでに内側に宿っているものだということに気づいていくとき、その気づきと生き様こそが、祓い清めの結論であることを理解していただければなと思います。

また、ここで大切なことは、「穢れない」という選択が私たちにはできるということです。大麻も含めて何かに頼り続ける精神的な依存を促しているわけではありません。

現代はまさに時代の大転換期真っただ中です。人が作り出した古き慣習や古き構造を作り変えるのもまた、やはり人なのです。新しき時代にむけて、もはや古きモノやコトを祓い清め、大いなるリセットを促す力が大麻に存在していることを思い出していただければ嬉しく思います。

私たちは、穢れない世界、穢れない社会、穢れない自分をつくることができます。

私自身いつかそうなりたいと思っています。自分の真っすぐな状態、頭と肚が繋がった状態をスタンダードとして日々生きていく。でもまた間違ってしまう。また祓って水に流し、やり直していく。主体と客体の両儀を結ぼうとするその姿勢が大事ですし、それが、荒の世界から、麻の世界へと自分自身が移行していくということです。

すべての答えは内側にあります。

ご自身のその一つの言葉、行動、そして祈りが、世界、そして一人ひとりと繋がっているということを、今日はお持ち帰りいただきたいと思っております。

ありがとうございました。

おわりに　～増補新装版に向けて～

この度はたくさんの皆様に本書初版を手に取って頂いた御陰にて、新装版が出版されることとなりました。まことに有難く思っております。

おそらくは大祓詞の予言の通り、時代が大麻草の出現、言靈の本領出現を求めているのだと思います。


私がずっと思い描いていた大麻草活用の第一義として医療活用がありました。

戦後GHQの主導により長きにわたって膠着していた大麻取締法ですが、令和5年12月に行われた法改正により、医療活用としては大きな一歩が踏み出されました。大麻草の持つ化合物の研究も国内にて前進し、たくさんの苦しみが今後改善へと導かれていくものと思います。

狭義の医療としては、大変喜ばしい法改正であったと感じています。

しかしながら、広義の医療（QOL向上・疾病予防・健康増進など）としては、大いに課題が存することは明確にしておきたいところです。

致死性がほとんど認められない大麻草の一部化合物を、「毒」や「麻薬」として定義・分断し厳しく取り締まる法改正は世界に逆行しており、無意味に犯罪者を量産する可能性がある点大変危惧されるところですが、この点は段階を踏んでより良い方向に議論が進んでいくことを願う次第です。

また、私が医療活用と同じくらい大切にしてきた大麻草といえば、本書でも深く触れてきました「祈り」の領域です。

理論的に説明しがたい分野ですが、なるべくわかりやすく大麻草と祈り（言靈）を論じ、また、この伝統的両輪（大麻草・祈り）により生じる心身へのポジティブな作用に関しては、「大麻祓い清め術」として、目に見えにくい邪気の変容を目に見える形で表現・実践してきたことを掲載いたしました。

ここで論じてきたことの多くは先人からの学びであり、手法や論理において私のオリジナルはほとんどありません（整復術も然りです）。人体の中で特段に穢れが溜まりやすい体の部位を詳らかにし、その部位を祓い清めることで場合によっては健康が増進されたり、回復が促されたり、日々のコンディションを整えることができるということを示したまでです。

さて、多くの方が感じ取っている事と思いますが、日本も世界も大転換期を迎えております。

私たちの心や意識にヘドロのようにこびり付いた、いわゆる「荒・争・粗」の男性性優位主義（交感神経亢進）である古き価値観・慣習を断つことは、口で言うほど簡単なことではありませんが、大祓詞によれば、今こそ大麻草と言靈の本領発揮の時と言えるでしょう。

大麻草による祓い清めの法は太刀（断ち）の作用を有しており、意識の刷新を強力に促します。

神道における太刀・剣とは、物事を分解し深く理解を促す呪示であり（分けるから解かる）、これは即ち「判断力」のことですから、祓い太刀でもある大麻草の力を頂きながら一人ひとりが主権の在り処を見つめ直し、審神者（さにわ）力を磨いていくことが大切です。

是非、この大変革の時（危険なワクチンや戦争の風潮などなど）祓い清めを以て無事に乗り切っていただければ嬉しく思います。

最後にこの場をかりて感謝の言葉をお伝えさせて下さい。

一般社団法人日本伝統大麻奉納会を監修下さっている天日陰比咩神社・禰宜　船木清崇様、経営道を指南下さった市川覚峯先生、伯家（はっけ）神道・言靈学に触れさせて頂いた故七沢賢治先生、師匠であり友人でもあり祈りの世界を深くご教示下さった故松宮奈央大阿闍梨、故佐藤准正阿闍梨、長きにわたり志を共有し一緒に活動して下さっている大麻飾り・秋田真介代表講師、大麻祓い清め術・辻本友樹代表講師、天麻那舞創始・村上舞那様、Show Ken神楽創始・伊藤昭憲様、ＣＢＤを提供下さっているエリクシノール松丸誠様、精麻を届けて下さる全ての大麻農家様、この度も、編集に尽力下さった小塙友加様。

まことにまことに有難うございます。

大麻草と共に在る未来は
病回復の機会が増えるということ。

石油系製品から大麻草原料製品への置きかえによる産業改革は
地球への負荷が激減するということ。
土壌が清浄となり、美しき海が蘇るということ。

そして
祈りのある日々は
私たちが私たちらしく生きていけるということ。

引き続き、主客調和たる「あたかまはらなやさわ」の原則を肚に鎮めつつ、日本伝統大麻の叡智を広げていく所存です。

依り代であり神籬（ひもろぎ）、神仏降臨のポータルとしての大麻草は、世界人類の因縁宿業を祓い清める秘宝であり、これから増々その力が発揮されていくことを確信しています。

令和6年8月8日
京都・東山サロンにて

本間義幸

大祓詞（おほはらへのことば）

高天原（たかまのはら）に神留（かむづま）り坐（ま）す 皇親神漏岐（すめらがむつかむろぎ） 神漏美（かむろみ）の命（みこと）以ちて 八百萬神等（やほよろづのかみたち）を神集（かむつど）へに集（つど）へ賜（たま）ひ 神議（かむはか）りに議（はか）り賜（たま）ひて 我（あ）が皇御孫命（すめみまのみこと）は 豊葦原水穂國（とよあしはらのみづほのくに）を 安國（やすくに）と平（たひら）けく知（し）ろし食（め）せと 事依（ことよ）さし奉（まつ）りき 此（か）く依（よ）さし奉（まつ）りし國中（くぬち）に 荒振（あらぶ）る神等（かみたち）をば 神問（かむと）はしに問（と）はし賜（たま）ひ 神掃（かむはら）ひに掃（はら）ひ賜（たま）ひて 語問（ことと）ひし 磐根樹根立（いわねきねたち） 草（くさ）の片葉（かきは）をも語止（ことや）めて 天（あめ）の磐座（いわくら）放（はな）ち 天（あめ）の八重雲（やへぐも）を伊頭（いつ）の千別（ちわ）きに千別（ちわ）きて 天降（あまくだ）し依（よ）さし奉（まつ）りき 此（か）く依（よ）さし奉（まつ）りし四方（よも）の國中（くになか）と 大倭日高見國（おほやまとひだかみのくに）を安國（やすくに）と定（さだ）め奉（まつ）りて 下（した）つ磐根（いはね）に宮柱太敷（みやばしらふとし）き立（た）て 高天原（たかまのはら）に千木高知（ちぎたかし）りて 皇御孫命（すめみまのみこと）の瑞（みづ）の御殿（みあらか）仕（つか）へ奉（まつ）りて 天（あめ）の御蔭（みかげ）日（ひ）の御蔭（みかげ）と隠（かく）り坐（ま）して 安國（やすくに）と平（たひら）けく知（し）ろし食（め）さむ國中（くぬち）に成（な）り出（い）でむ天（あめ）の益人等（ますひとら）が過（あやま）ち犯（おか）しけむ種種（くさぐさ）の罪事（つみごと）は 天（あま）つ罪（つみ） 國（くに）つ罪（つみ） 許許太久（ここだく）の罪（つみ）出（い）でむ 此（か）く出（い）でば天（あま）つ宮事（みやごと）以（も）ちて 天（あま）つ金木（かなぎ）を本打（もとう）ち切（き）り 末打（すえう）ち断（た）ちて 千座（ちくら）の置座（おきくら）に置（お）き足（た）らはして 天（あま）つ菅麻（すがそ）を本刈（もとか）り断（た）ち 末刈（すえか）り切（き）りて 八針（やはり）に取（と）り辟（さ）きて天（あま）つ祝詞（のりと）の太祝詞事（ふとのりとごと）を宣（の）れ

此く宣らば 天つ神は天の磐門を押し披きて 天の八重雲を伊頭の千別きに千別きて
聞こし食さむ 國つ神は高山の末 短山の末に上り坐して 高山の伊褒理 短山の
伊褒理を掻き別けて聞こし食さむ 此く聞こし食してば 罪と言ふ罪は在らじと
科戸の風の天の八重雲を吹き放つ事の如く 朝の御霧夕の御霧を 朝風夕風の吹き
拂ふ事の如く 大津邊に居る大船を 舳解き放ち 艫解き放ちて 大海原に押し
放つ事の如く 彼方の繁木が本を 焼鎌の敏鎌以ちて 打ち掃ふ事の如く
遺る罪は在らじと 祓へ給ひ清め給ふ事を 高山の末 短山の末より
佐久那太理に落ち多岐つ 早川の瀬に坐す瀬織津比賣と言ふ神 大海原に
持ち出でなむ 此く持ち出で往なば 荒潮の潮の八百道の八潮道の潮の八百曾に坐す
速開都比賣と言ふ神 持ち加加呑みてむ 此く加加呑みてば 気吹戸に坐す気吹戸主
と言ふ神 根國 底國に気吹放ちてむ 此く気吹放ちてば 根國 底國に坐す
速佐須良比賣と言ふ神 持ち佐須良ひ失ひてむ 此く佐須良ひ失ひてば 罪と言ふ
罪は在らじと 祓へ給ひ清め給ふ事を 天つ神 國つ神 八百萬神等共に 聞こし食せ
と白す

神社本廳藏版 より

ひふみ祝詞

ひふみ
よいむなや　こともちろらね
しきる　ゆいつわぬ
そをたはくめ
かうお
えにさりへて
のますあせえほれけ
（ん）

参考文献

『第三文明への通路―天皇の世界経論の原理とその歴史と将来』小笠原孝次 著（皇学研究所）
『世界維新への進発』小笠原孝次 著（第三文明会）
『古事記解義　言霊百神』小笠原孝次 著（東洋館出版社）
『コトタマによる大祓祝詞解義』小笠原孝次 著（山雅房）
『古事記と言霊』島田正路 著（言霊の会）
『コトタマ学入門』島田正路 著（言霊の会）
『麻ことのはなし』中山康直 著（評言社）
『祝詞新講』次田潤 著（明治書院）
『神字日文傳　上』平田篤胤 著
『秋田「物部文書」伝承』進藤孝一 著（無明舎出版）
『皮膚は考える』傳田光洋 著（岩波書店）
『第三の脳――皮膚から考える命、こころ、世界』傳田光洋 著（朝日出版社）
『天津菅曾学綱要／天津祝詞学綱要』水谷清 著（八幡書店）
『天津金木学綱要』水谷清 著（八幡書店）
『言靈・御鏡ノ解萬教ノ源』山腰明将 著（明生会）
『大石凝霊学全集　全3巻』大石凝真素美 著（八幡書店）

■天麻那舞（主宰・村上舞那）

全国各地の社寺へ舞のご奉納を行っております（年間30社）。

古来巫女の働き・役割であった神託・託宣を受ける者という概念から、

～祈る者であり祈られる者～

～受け取る者であり与える者～

という両儀万象・靈止（ひと）の先天性（さが）を顕すことを舞意識の中心に置き、巫女意識をさらに前進させていくことを要として日々お稽古に励んでおります。

大麻草（精麻）を用いて祓い清めと産靈を生じさせ両儀（天地）を統べる意識が天津太祝詞事の核心です。

舞は周囲に陽気を齎します。

稽古の継続で日々の身体操作・振る舞いにも大きな変化が期待できます。

巫術としての天麻那舞稽古・ご奉納をご一緒下さる方からのお問合せをお待ちしております。

https://amana-mai.blog.jp/

■ Show Ken 神楽（主宰・伊藤昭憲）

トップダンサーとして一線で活躍してきた伊藤昭憲氏を主宰とする神楽舞チーム。
ヒップホップと神楽そして大麻草のクロスポイントを以て神楽舞を創作している。
殺し合いにブレーキをかけた「ヒップホップカルチャー」と「ご神事」の融合。
主権（剣）の在り処を世間に問いながら、不毛なる戦争の連鎖に祈りとパフォーマンスで抗う。

https://www.instagram.com/showken_kagura/

著者の主な活動

■大麻飾り職人養成講座

大麻飾り・依り代の結び手を育成・養成する講座を全国各地にて展開しています。

日々のワークフィールドを清浄空間へと誘う大麻飾り結びの技術を習得頂けます。

■大麻祓い清め術講座

大麻草が持つ祓い清めと産靈の力を活かし、心身を構成する陰陽五行の気を大調和へ誘う術。医療系資格保持者を中心に伝えていた技術ですが、2024年秋から大幅にカリキュラムを簡潔にし、どなたでも受講可能になります。「大麻祓い清め術」は祓い清めリトリートや個人セッションで実体験可能です。ぜひ、お問合せください。

一般社団法人 日本燦々
大麻飾り頒布／大麻飾り職人養成・大麻祓い清め術 各種講座
https://www.taima-kazari.com/

■全国社寺の鈴緒房修繕

神社参拝の際に振る鈴緒の原料は日本で育った大麻草を用いることが大切です。

日本伝統大麻奉納会では経年により傷ついた鈴緒の房を、氏子さん崇敬者さんと共に修繕してまいります。力を合わせて全国の鈴緒を麻の輝きで満たしていけますように。

修繕世話人を育成する講座も全国で開催していきます。

一般社団法人 日本伝統大麻奉納会
https://taima-hounoukai.com/

本間義幸　ほんま よしゆき

一般社団法人日本燦々 代表理事。

一般社団法人日本伝統大麻奉納会代表理事。

6歳より武道稽古に励み幼少期より心身の鍛錬にて日々を過ごす（全日本武道錬成大会三連覇）。2000年ウェルネス・ヘルス事業にて起業し心身回復にむけての様々なプログラムを提供する。医師と連携しながら統合医療の必要性を啓蒙し心身回復システムを構築してゆく。2002年、真言密教大阿闍梨 故松宮奈央氏の末期癌回復に尽力したご縁から様々な密教秘儀を授かり不動明王感得に至る。また、同時期に真言密教阿闍梨故佐藤准正氏からも様々な秘儀を授かり靈力の増幅に至るも、後に生じる二人の早すぎる死により、現世利益を果たさんとする呪法の陰と衆生の穢れ、行者身代わりの可能性を洞察。

本尊・曼荼羅・法具等を一旦灰燼に帰し全ての呪法を手放す。その後言靈学の権威、故七沢賢治氏との出会いから氏の所有する法人運営に携わりながら伯家神道にも触れ、伝統的な祭祀システムを理解するに至る。

2013年、日本の大麻草復古と祓い清めの叡智を普及推進するべく一般社団法人日本燦々を設立、代表理事に就任。

2024年全国の神社鈴緒を精麻にて修繕をすすめるべく一般社団法人日本伝統大麻奉納会を設立、代表理事に就任する。

古代日本の超叡智
［増補新装版］大麻——祈りの秘宝

第一刷　2024年9月30日

著者　本間義幸

発行人　石井健資

発行所　株式会社ヒカルランド
〒162-0821　東京都新宿区津久戸町3-11　TH1ビル6F
電話　03-6265-0852　ファックス　03-6265-0853
http://www.hikaruland.co.jp　info@hikaruland.co.jp

振替　00180-8-496587

本文・カバー・製本　中央精版印刷株式会社

DTP　株式会社キャップス

編集担当　小塙友加

ISBN978-4-86742-413-1

祈りの秘宝・祓い清めを暮らしの中に

ヒカルランドでは、大麻飾りの制作、頒布を行っています。

大麻飾りの原料には、本間義幸氏が瀬織津姫の靈験あらたかな靈水で1枚1枚なめし、ご神事用に整えた特等級の国産野州麻の精麻のみを用います。

依り代として機能する大麻飾りです。

会社やお店、ご自宅、清浄な気に整えたいサロンやボディーワークの場など、日々身を置く場所の邪気を祓い、神奈備へと導くお札として。また、ご自身やご家族の祓い清め、商売繁盛、家内安全、願望実現など、祈りの秘宝たる大麻の力をご活用ください。

大麻飾り〈松 祈水晶 叶結び（大）・菊 叶結び（中）・二重叶結び（小）〉は、ご注文を受けてから、本間義幸氏より直接指導を受けた（一社）日本燦々認定大麻飾り職人が丁寧に結い上げお届けいたします。

【飾り方】

○玄関口に飾り、邪気を祓ってから出入りする
○寝所に飾り、大麻を引き撫でてから床につき安眠する
○心身にストレスが生じた際に引き撫で、邪気を祓う
○神棚脇に飾り、麻引きを行ってから祝詞を奏上する
○勉強机の近くに飾り、学習能力を向上させる　～など

邪気を祓う「麻引き」の作法

大麻はふれあいにその秘儀があります。
大麻飾りの精麻の部分を上から下へ、心・体・靈の三位を祓う意味で3度、さらに強く祓い清めたい場合は、3×3、もしくは3の倍数で何度でも引き撫でます。

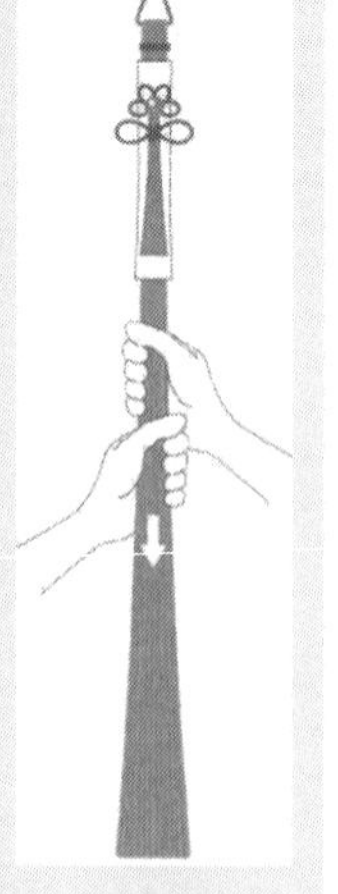

【大麻飾り　二重叶結び（小）】

「二重叶結び」は、願いごとが叶えられるという意味を持つ、日本古来より受け継がれている結び方です。

精麻３枚使用
価格　33,000円（税込）
サイズ目安
（本体）　長さ約22cm×幅８cm
（飾り紐）　長さ約25cm

【大麻飾り　松　祈水晶　叶結び（大）】

松とは、真対＝まつであり、真なる対を結ぶ靈験があります。中央につけられた祈水晶は、三種の神器である八咫鏡をイメージしています。

精麻11枚使用
価格　84,700円（税込）
サイズ目安
（本体）　長さ約190cm×幅11cm
（飾り紐）　長さ約60cm

【大麻飾り　菊　叶結び（中）】

菊結びは、菊の花をモチーフにした結びですが、その縁起は「聴く」からきています。菊結びの靈験は問題を解決に導く力、物事をスムーズに運ぶ力です。

精麻７枚使用
価格　55,000円（税込）
サイズ目安
（本体）　長さ約46cm×幅９cm
（飾り紐）　長さ約30cm

※本体サイズの幅は、飾り結びの幅の目安です。

【大麻守り　あわ結び】

邪気祓いに特化した三連つゆ結びと二重叶結びを重ねたお守り。
愛車や玄関などに飾るお守りとして最適です。

価格　8,800円（税込）
サイズ目安
（本体）　長さ約28cm×幅10cm

【大麻守り　祝い結び】

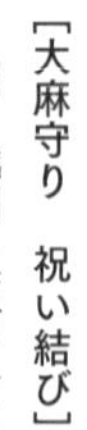

細く繊細に結ばれた紐と小さなお守りのセット品。桐箱入りの贈答用としてご準備しました。ご出産のお祝いや、新たな門出のお祝いとして。お宮参りや七五三のお祝いなど、節目の神社参りにもご持参いただけます。

価格　8,800円（税込）
サイズ目安
（お守り）　長さ約10cm×幅5.5cm
（紐）　長さ約80cm
桐箱　縦12.5cm×横8.5cm×高さ2.1cm

実践！　日々の祓い清め

本書第７章の「結界の張り方」と「日々の祓い清め法」が実践できます

精麻　３枚入り
価格　4,840円（税込）
サイズ目安（１枚）　幅約４㎝×長さ２ｍ
（自然素材のため個体差があります）

【祓いの大麻】

人間は、善くも悪くも環境の影響を受けて生きていきます。特に耳から入る情報、目から入る情報、肌から入る情報は、人間の心身・意識に大きな影響を及ぼしています。

生活の中に精麻の祓いの力を取り入れ、因縁・穢れを祓い清めていくとき、清々しい状態が日々のスタンダードとなっていくでしょう。

現代に溢れる穢れや因縁を日々祓い清める！「実践用の精麻3枚セット」をご用意しました。こちらの精麻も、国産の特等級野州麻を本間氏が瀬織津姫の靈水でなめしたものです。

こちらの商品は、日々の祓い清め法の実践用としてお求めやすくご準備しました。精麻の幅にはばらつきがあります。ご了承下さい。

現代に溢れる因縁、穢れの例
携帯電話、パソコンなどの電磁波
テレビの音周波数、情報
日々自らが発する言葉
他人から聴かされる言葉
偽りの教育や政治
自らの行動、他人の行動による穢れ
負担のかかる想念の飛ばし合い
～など

ヒカルランド  好評既刊！

地上の星☆ヒカルランド　銀河より届く愛と叡智の宅配便

完訳　日月神示
著者：岡本天明
校訂：中矢伸一
本体5,500円＋税（函入り／上下巻セット／分売不可）

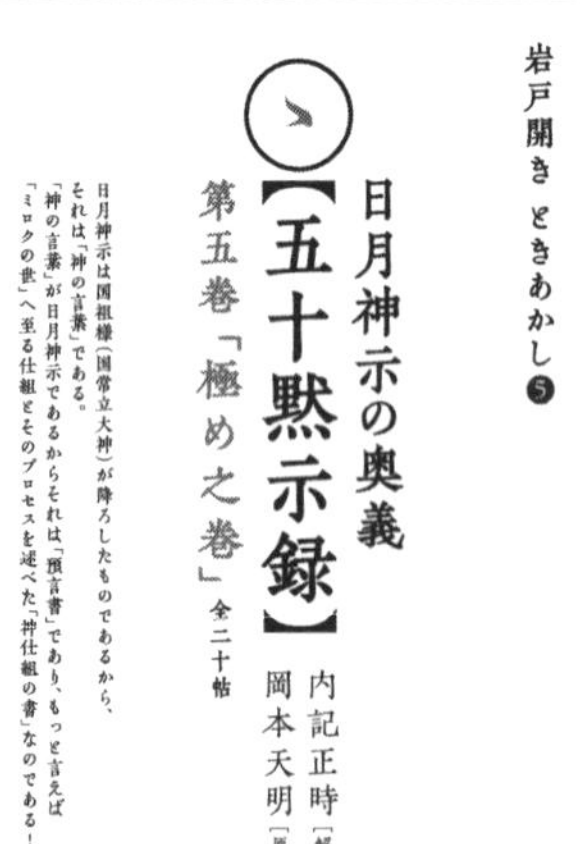

岩戸開き　ときあかし❺
日月神示の奥義 ⦿【五十黙示録】
第五巻「極め之巻」（全二十帖）
解説：内記正時／原著：岡本天明
四六ソフト　本体2,300円+税